荆楚风 湖北旅游丛书之一

# 风光湖北

李开寿　主编 / 唐昌华　副主编

长江出版传媒
湖北人民出版社

## 图书在版编目(CIP)数据

风光湖北 / 李开寿主编；唐昌华副主编.
武汉：湖北人民出版社，2018.4
（荆楚风·湖北旅游丛书之一）
ISBN 978-7-216-09442-9

Ⅰ．风… Ⅱ．①李…②唐… Ⅲ．旅游指南—湖北 Ⅳ．K928.963
中国版本图书馆 CIP 数据核字（2018）第 042349 号

责任编辑：曾若雪　王书艺
封面设计：董　昀
责任校对：范承勇
责任印制：谢　清

| | |
|---|---|
| 出版发行：湖北人民出版社 | 地址：武汉市雄楚大道 268 号 |
| 印刷：湖北新华印务有限公司 | 邮编：430070 |
| 开本：787 毫米 × 1092 毫米 1/16 | 印张：20.5 |
| 字数：213 千字 | 插页：3 |
| 版次：2018 年 4 月第 1 版 | 印次：2019 年 9 月第 3 次印刷 |
| 书号：ISBN 978-7-216-09442-9 | 定价：39.80 元 |

本社网址：http://www.hbpp.com.cn
本社旗舰店：http://hbrmcbs.tmall.com
读者服务部电话：027-87679656
投诉举报电话：027-87679757
（图书如出现印装质量问题，由本社负责调换）

## 《荆楚风·湖北旅游丛书》
● 编委会

主　任：　晏蒲柳　钱远坤
副主任：　周正素　李开寿　徐　勇　陈祖刚　唐昌华
　　　　　刘　晗　文汉臣
成　员：　王泰格　李　平　张　珉　陈　伟　高　晴
　　　　　童建新　李兆金　杜　勇　余世燕　王令德
　　　　　王李力　李啟金

顾　问：　熊召政
主　编：　李开寿
副主编：　唐昌华
编　写：　高　晴　陈同月　李　涛　李长林　曹巧红
　　　　　张　超　马　冲　陈　丹　冉艳丽　刘　方
　　　　　郑爱民　程芙蓉
编　务：　许　辉　李巧玲

# 序

花了一个星期的时间,读完这套《荆楚风·湖北旅游丛书》,全书共有《风光湖北》《风云湖北》《风味湖北》《风尚湖北》四册。

读完四册,第一个感慨是编撰者下了大功夫、苦功夫。循常例,比类分的编撰是比较容易完成的。只要借助一些工具书,从网上下载一些资料,稍加整理即可成册。但是,这套书的写作者却是不肯当"文抄公",而是认真研究古籍,整理掌故,踏勘山水,比较名胜。力争做到心中有象,呈现云雾之锦;笔下生花,不留遗珠之憾。我想,编撰者的初衷,是想写一套介绍湖北旅游资源的工具书。但是,在讨论体例、写作规模的时候,一次一次地升华自己的想法,提高编撰的标准,最终形成了现在这套书高雅的品位和质量。

用风光、风云、风味、风尚四个大家耳熟能详的词汇,来描绘湖北的山川地貌、人文历史、风土人情、现代时尚,也体现了编撰者的匠心。作为地地道道的湖北人,书中所介绍的名胜古迹,我大都探访过;所描摹的历史人物,我也景仰心仪;至于江湖城郭、楼台寺观,甚至草木花卉、岁时风土,我也生活其中，大都熟悉。细细读来，感到编撰者的彩笔融进了真挚的爱、浓郁的情；饱含了对家乡的热爱、对荆山楚水江汉大地的深情。这套书不仅对旅游者有着强大的吸引力，亦可作为乡土教材，唤起游子们的乡愁，加深他们对家乡的印象。

  感谢省旅游委完成了这套书的编撰及出版，作为湖北的一项文化惠民工程，功莫大焉！相信这套丛书问世之后，一定会得到旅游者、读者的喜爱，也一定会得到多方面人士的评价及检验。集思广益，集腋成裘，我相信这套书还会不断升华提高，推出修订版、升级版。

  是为序。

熊召政
2018 年 3 月 26 日于龙潭书院

# 目录 ①

■ 风光湖北

风光湖北赋　　熊召政

## 第一章　水色

### 第一节　长江奔腾 / 003

万里长江水，来从楚地流　/ 003

"三峡天下壮，请君乘船游"　/ 004

"万里长江，险在荆江"　/ 014

"一桥飞架南北"　/ 018

### 第二节　汉江临泛 / 023

"天外汉江来"　/ 023

汉江里的水　/ 025

汉江上的岛　/ 028

沿汉江湿地　/ 031

汉江孕育武汉　/ 033

### 第三节　清江画廊 / 035

"八百里清江美如画"　/ 035

清江上游：溶洞与绝壁　/ 037

清江中游：峡谷与水库　/ 042

清江下游：山地与坪坝　/ 045

# 目录 ②

**第四节　河库竞秀　/ 050**

　　十大景观型水库　/ 050

　　其他景观型水库　/ 061

**第五节　峡谷传奇　/ 065**

　　十大景观峡谷　/ 065

　　其他山溪峡谷　/ 077

　　山间飞瀑　/ 081

**第六节　千湖神韵　/ 085**

　　湖北湖泊简介　/ 085

　　十大景观型湖泊　/ 086

　　湖泊众生相　/ 100

**外滩之秋　李培刚　/ 105**

# 第二章　山光

**第一节　万山来朝，大话武当　/ 112**

　　概说武当　/ 112

　　狮子山与太子坡　/ 116

　　展旗峰与紫霄宫　/ 118

# 目录 3

■ 风光湖北

  天柱峰与太和宫 / 119
  南岩与南岩宫 / 122
  老营南山与玉虚宫 / 124

## 第二节 华中之巅,神农探秘 / 126

  概说神农架 / 126
  野人之谜 / 129
  金丝猴 / 131
  神农顶 / 133
  天燕旅游区 / 135
  神农坛 / 137
  天生桥 / 139
  神农架滑雪场 / 140
  大九湖 / 141

## 第三节 惊世杰作,峡谷传奇 / 144

  概说恩施大峡谷 / 144
  大峡谷五大奇观 / 146
  壁立七星寨 / 147
  天插一炷香 / 150
  地生一条缝 / 151
  大型山水实景剧《龙船调》 / 152

# 目录

## 第四节 大别圣山，别于天下 / 154

概说大别山 / 154

红安天台山 / 158

麻城龟峰山 / 160

罗田天堂寨 / 162

罗田薄刀峰 / 165

英山大别山主峰 / 167

英山桃花冲 / 170

浠水三角山 / 173

武穴匡山 / 175

## 第五节 鄂中绿林，大洪之幽 / 178

概说大洪山 / 178

宝珠峰 / 180

白龙池 / 182

绿林山 / 183

太子山 / 185

黄仙洞 / 187

## 第六节 清凉世界，养生九宫 / 190

概说九宫山 / 190

云中湖 / 192

# 目录 5

■ 风光湖北

金鸡报晓　/ 194
石龙奇峡　/ 195
中港十八潭　/ 197
一山藏两教　/ 197

**第七节　极目楚天，群山荟萃　/ 199**

武汉龟蛇二山　/ 199
黄陂木兰山/木兰天池/木兰草原/木兰云雾山　/ 202
黄石西塞山/东方山　/ 208
襄阳大荆山/鹿门山　/ 210
宜昌百里荒/大老岭　/ 212
孝感白兆山/双峰山　/ 216
咸宁黄龙山/黄袍山/药姑山　/ 220
鄂西南武陵群山　/ 222

恩施大峡谷记　陈应松　/ 231

# 第三章　花海

第一节　梅花　/ 237

第二节　樱花　/ 244

# 目录

第三节　杜鹃花　/ 251

第四节　油菜花　/ 258

第五节　桃花　/ 265

第六节　荷花　/ 271

第七节　菊花　/ 277

第八节　桂花　/ 282

第九节　玫瑰　/ 287

第十节　紫薇花　/ 291

第十一节　百花争艳　/ 295

我爱麻城红杜鹃　李开寿　/ 310

湖北省国家5A级旅游景区　/ 314

后　记　/ 315

# 风光湖北 赋

熊召政

　　杜甫有诗：楚地阔无边，苍茫万顷连。信然！其苍茫者，曰江，曰山，曰湖泊，曰平原，曰鳞潜深浦，曰花拥烟村。孔子有言：仁者乐山，智者乐水。据此以观湖北，足可称仁智之乡。

　　楚山之雄者：东之大别，西之武陵，南之幕阜，北之武当，更兼中之大洪，气慑荆襄。鄂水之胜者：北来汉水，东去长江，出秦岭之丹水，穿巴国之清江。江与山连，江山信美；江与湖连，江湖阔大。踞坐山巅，看晴空一鹤排云上；横楫舟中，对春来江水绿如蓝；行吟泽畔，赏香稻啄余鹦鹉粒；买醉花坞，望绿阳春水草含烟。

　　事有异同，如山也；情有逆顺，若水也。陂池园囿，台榭楼亭，代有倾圮，唯有青山不老；丝纶玉管，羽扇歌筵，时常更替，唯碧水长留。江湖乃吾桑梓，江山乃吾家园。美哉荆楚，养我浩然之气；风光湖北，涵润俎豆风流。一山一坛城，一湖一天地；一花一世界，一江一苍龙。举杯邀月，同讴盛世；笔浸烟霞，赞我家乡！

二〇一八年二月九日于闲庐

Diyizhang
Shuise

# 第一章 水色

水是湖北重要的地理元素，也是湖北旅游的基本特色。因为水，湖北多了灵秀与妩媚，有了神韵与气度。

湖北境内三江汇聚，长江是中国的第一大河流，汉江是长江的第一大支流，清江是

# FengguangHubei 风光湖北

全部流经湖北境内的第一大河流。它们如动脉般流经荆楚大地，磨炼、雕琢着这一方的人民大众。

湖北境内河流纵横，分属不同水系，或穿行于山陵，或流淌于平原，像毛细血管一样延伸到荆楚大地的每一个角落，养育、滋润着这一方的父老乡亲。

湖北境内湖泊竞秀，是全国唯一的"千湖之省"，更有多个"百湖之市"。这些湖泊或如原野繁星，装点荆楚亮晶晶；或如城市之眼，扮靓都市水灵灵。

湖北境内水库棋布，以特有的存在改变了孕育它们的河流风貌，自身与河流交相辉映，同时，把它们由河段变成水库的那一道道大坝也成了水库景观的一部分。

还有那一座座潭、一道道瀑、一眼眼泉、一口口塘、一条条渠……都让荆楚大地有了另一番水乡神韵。

## 第一节　长江奔腾

> 长江是中国和亚洲第一大河流、世界第三大河流,也是世界上流经一国境内的最长的河流。长江发源于青海省唐古拉山各拉丹冬雪峰,全长6300公里,湖北宜昌以上为上游,从宜昌到江西湖口为中游,湖口以下为下游,流域面积180万平方公里,占中国陆地面积的18.8%。长江在华夏文明的形成和发展过程中占有重要地位,和黄河一起被称为中国的"母亲河"。

### 万里长江水,来从楚地流

湖北的长江西起巴东县鳊鱼溪,东至黄梅县小池口,流经恩施、宜昌、荆州、武汉、黄冈、鄂州、黄石7个市州,全长1000多公里。湖北的长江有统一的大名"长江",但部分江段还有自己的小名:宜昌以西叫作"川江",也往往唤作"峡江";宜都向东至湖南岳阳的城陵矶叫作"荆江",因为流经荆州大地;在武汉,长江被称为"大江",这是相对于汉江这条"小河"而言的。

湖北的长江,好长。它全长1062公里,占全部长江干流总长的1/6以上,占通称"长江"(四川宜宾岷江口至上海长江入海口2800余公里江段)干流总长的1/3以上,比湖北以下湖南、江西、安徽、江苏、上海5个省份的江段加起来还要长。

湖北的长江，居中。她一边扯着上游，一边拉着下游。湖北宜昌以上，长江在群山中穿行，自然就该称作"上游"了。出了湖北黄梅进入江西，长江一下变得宽阔，便是长江的下游了。长江流经11个省份，湖北往上走有5个，往下走也是5个，真可谓不偏不倚，中庸有道啊！

湖北的长江，特美。她既有上游"万山磅礴水泱漭"的豪迈与雄壮，又有中游"江入大荒流"的平淡与宁静，既有大江奔腾的孤兀与苍劲，又有百川归江的合流与惬意，呈现出与众不同的华贵气质。"曾经沧海难为水，除却巫山不是云"——石壁西江的美可是千年也未必能等上一回！"月下飞天镜，云生结海楼"——平原江汉的美似梦似幻，有如仙境！"孤帆远影碧空尽，唯见长江天际流"——武汉大江的美就在于水天一色，横无际涯！

## "三峡天下壮，请君乘船游"

长江三峡是湖北段长江、也是整个长江最为浓墨重彩的一笔，大自然将万千风情赋予了这段高山峡谷，文人骚客们也用最瑰丽的华章讴歌着这段山水画廊。长江三峡起点南津关崖壁上的"三峡天下壮，请君乘船游"十个大字，就是人们对三峡情感的真实写照。

### 概说长江三峡

长江三峡是长江在进入江汉平原前的一段高山峡谷，西

峡口春色　胡汴城摄

起重庆市奉节县的白帝城，东迄湖北省宜昌市的南津关，跨奉节、巫山、巴东、秭归、夷陵五县市，全长192公里。它由瞿塘峡、巫峡、西陵峡三段峡谷和介于其间的宽谷组成。北魏郦道元《水经注·江水》中曾这样写道，"自三峡七百里中，两岸连山，略无阙处。重岩叠嶂，隐天蔽日。自非亭午夜分，不见曦月"，描写了一个与众不同的地理存在。

瞿塘峡从奉节县白帝城到巫山县大溪镇，全长8公里，是三峡中最短但又最壮观的一个峡。西入口有断崖壁立，宽不及百米，形同门户，称为"夔门"（奉节古称"夔州"），所以又叫"夔峡"。其以雄伟壮丽而著称。

巫峡西起巫山县大宁河口，东到巴东县官渡口，全长45公里，它是三峡中最长的一个峡，所以又叫"大峡"。"放舟下巫山，心在十二峰"，巫峡的美总是在心间萦绕，其以幽深秀丽而见长。

西陵峡从香溪河起，到南津关止，全长66公里。从全程来看，西陵峡比巫峡长，但它并不是一个首尾贯通的长峡，而是被中间一段长31公里的宽谷分为东西两段，西段有兵书宝剑峡、牛肝马肺峡和崆岭峡；东段有灯影峡和黄猫峡。西陵峡过去以滩多水急闻名，如今则是一派高峡平湖风光。

### 湖北的巫峡

巫峡蜿蜒在重庆、湖北之间，其中湖北段起于"楚蜀鸿沟"鳊鱼溪，止于官渡口，全长24公里，又称"巴峡"。整个峡区柔水蜿蜒，奇峰连绵，云遮雾绕，如梦似幻，好一幅秀美山水图。

巫峡从鳊鱼溪进入湖北后，第一个峡段为"铁棺峡"，因有悬棺颜色如铁而得名。铁棺峡全长2.7公里，也由三个峡谷构成，上称"布条峡"，中为"铁棺峡"，下有"石棺峡"。江面迂回曲折，山岩高差300～500米之间，三峡大坝蓄水

巫峡风光　谭德魁摄

巫峡红叶　吴名洲摄

前最窄处不足 70 米，南宋诗人范成大有"束江岩欲合，中间一罅天"之句。

继续前行可见门扇峡，位于楠木园至巫峡口之间，全长 2.5 公里。此处有大面山、尖子山南北对峙，像两扇大门扼住东逝的江水，门扇峡因此而得名。峡内绝壁对峙，有板壁岩、链子溪古栈道之险，有蛮洞桥小石垒古工艺之奇；江右岸褐红色的岩石在阳光照射下，似火焰伸向江心，故名"火焰石"。两岸岩壁上原有"我示行周"等石刻，是珍贵的三峡水文纪实资料，现已淹没于水中。

巫峡口地处巴东县官渡口镇，是长江大拐弯之一，素有"画廊"之称，第四套人民币五元上的风景图案就取自于这里。每逢秋季，巫峡两岸的红叶红了，天空变蓝，烟云氤氲缭绕，常常吸引中外游客和摄影师驻足。人们从巫峡东入口进入峡中，赏红叶、观晨曦、看夕阳、追云朵、乘帆船、拍巫峡，感悟巫峡的山山水水。

### 西陵峡

西陵峡因位于"楚之西塞"和夷陵（宜昌古称）的西边而得名。西陵峡曾以"险"出名，以"奇"著称，"奇""险"造就了西陵峡的壮美。说其奇，乃因西陵峡大峡套小峡，峡中还有峡，如兵书宝剑峡、牛肝马肺峡、灯影峡、黄牛峡等。说其险，则因西陵峡滩多而水急，大滩含小滩，往往汹涌激荡，惊险万状，尤以青滩、泄滩、崆岭滩为最。不过，这些都已成为过眼往事。葛洲坝建成蓄水后，西陵峡便在壮美中增添了几分清秀和妩媚。三峡大坝建成蓄水后，西陵峡被分为坝上的兵书宝剑峡、牛肝马肺峡和坝下的灯影峡、黄牛峡等峡段，前者多妩媚，后者多壮美。游览三峡大坝下游的西

西陵峡　李军摄

陵峡，仍可感受到当年三峡黄金旅游线的流风余韵；游览三峡大坝上游的西陵峡，则要从眼前的高峡平湖穿越历史岁月和水下空间，努力去怀想原版三峡的惊世模样。

兵书宝剑峡位于新滩和香溪之间。在峡谷左岸陡崖石缝中，有看上去好像书卷的东西，被称为"兵书石"；兵书石的下面突起一根上粗下尖、指向江中的石柱，被称为"宝剑石"。"兵书宝剑峡"也因此而得名。相传这是当年诸葛亮入川时，为后来出入峡江的蜀军留下的克敌兵书和镇江宝剑。其实，"兵书石"并非石头，而是重叠着的两口悬棺。随着三峡工程蓄水，峡谷虽存，"兵书石"和"宝剑石"却永没江水之中了。

牛肝马肺峡位于香溪入江口下游15公里处，因江左岸绝壁上有两块垂下江面的黄褐色钟乳石形若牛肝和马肺而得名。"马肺石"在清光绪年间被入侵的英国炮舰打掉，100多吨的"牛肝石"在三峡工程蓄水后被切割至秭归县凤凰山上复原。牛肝马肺峡右岸有仙女峰倚天独秀，峭立云间，恰似传说中的白云仙子。峰下有一条清澄的小溪——九畹溪，因传说中屈原曾在溪畔种过九畹芝兰而得名。

灯影峡又称"明月峡"，位于南津关上游约10公里的地方。这段峡谷狭窄而直通，构成岸壁陡峭、山顶突起的奇景。船行峡内，宛若身处一幅幅白色纱帘掩映的画卷之中，令人心旷神怡。每逢月悬西山之上，月光映照下的山光水色似幻似梦，妙不可言，明月峡因此得名。峡右岸的马牙山上有四块奇石，酷似《西游记》中唐僧师徒四人从西天取经归来时的场景：有手搭凉棚、前行探路的孙悟空，有捧着肚皮、一步三晃的猪八戒，有肩挑重担、快步相随的沙和尚，还有安然坐骑、合掌缓行的唐僧，其形象逼真、惟妙惟肖。落霞晚照之时，从峡中远望，唐僧师徒四人与灯影戏（即"皮影戏"）中的人物十分相似，故名"灯影峡"。

　　过灯影峡后不久，便可望见一排陡峭的石壁。它高耸于郁郁葱葱的群峰之上，俯瞰着东逝的滔滔江水。绝壁下九条蜿蜒下垂的山脊，似九龙入水，气势雄浑。这石壁便是黄牛岩，形似神人牵牛，人呈黄色，牛身赭黄，岩下峡谷便是"黄牛峡"。与灯影峡相比，黄牛峡两岸山势高耸，岩崖粗犷多变。这里保存具有代表性的震旦纪地质断层，至今仍可找到鱼类化石、三叶虫化石及其他海洋生物化石，它记录了三峡数亿年来的沧海桑田。以前，黄牛峡水急滩多，逆水行舟非常困难，往往舟行数日还可望见黄牛岩，《黄牛谣》曾云："朝发黄牛，暮宿黄牛。三朝三暮，黄牛如故。"李白过此，也曾大发感叹："三朝上黄牛，三暮行太迟。三朝复三暮，不觉鬓成丝。"

　　三游洞是西陵峡左岸峭壁上的岩溶洞穴，位于宜昌市西北7公里处。它背靠西陵峡口，面临下牢溪，历来是游览胜地。从唐代起，许多骚人墨客相继来此，并赋诗题字刻于洞壁之上，最著名的有白居易、元稹、白行简"前三游"和苏洵、苏轼、苏辙"后三游"。洞内外现存诗文摩崖数以百计，名家书法楷、隶、篆、行、草各体皆备。景区内除三游洞外，还有至喜亭、楚塞楼、古军垒遗址、张飞擂鼓台、陆游泉等景点。

### 三峡大坝

　　三峡工程坝址位于宜昌市三斗坪中堡岛，距下游葛洲坝水利枢纽工程38公里，是当今世界上最大的水利枢纽工程。

长江三峡工程是具有防洪、发电、航运、养殖、旅游、灌溉等巨大综合效益的水利枢纽工程，总工期17年，2009年全部完工。

长江三峡水利枢纽工程主要建筑物由大坝、水电站、通航建筑物三大部分组成。泄洪坝段位于河床中部，即原主河槽部位。两侧为电站坝段及非溢流坝段。电站厂房位于两侧电站坝段后，另在右岸留有后期扩建的地下厂房。永久通航建筑物均位于左岸。拦河大坝，为混凝土重力坝，坝顶全长2335米，坝顶高程185米，蓄水高程175米，水库长600余公里。左、右岸厂房共安装32台水能发电机组，机组单机容量均为70万千瓦，总装机容量2250万千瓦（含三峡电站自身的两台5万千瓦电源电站），年发电量约1000亿度。

永久船闸为双线五级连续梯级船闸，单线全长1607米，由低到高依次为1～5号闸室，每个闸室长280米，宽34米，可通过万吨级船队，船只通过永久船闸需2.5～3小时。升

三峡大坝　黄正平摄

船机为单线一级垂直提升机，采用全平面钢丝绳的结构形式；承船厢长 120 米，宽 18 米，一次可通过一艘 3000 吨级客货轮，卷扬机最大提升高度 113 米，最大提升重量为 11800 吨，年单向通过能力 340 万吨，每次过坝仅需 40 分钟。如果将船只通过永久船闸比作爬楼梯的话，那么通过升船机则是坐电梯了。

三峡大坝旅游区是首批国家 5A 级旅游景区。坛子岭是三峡工程的制高点，海拔 262.48 米。登上坛子岭，可将 15.28 平方公里的三峡坝区全貌一览无余。除坛子岭外，西陵长江大桥、三峡工程截流园、三峡大坝模型室等也是三峡坝区重要的游览景点。

葛洲坝

葛洲坝水利枢纽工程是长江上第一座水利枢纽工程，位于长江三峡出口处，距西陵峡口南津关 2.3 公里，距上游的三峡大坝 38 公里。长江出南津关后，江面豁然开朗，由 300 米骤然展宽至 2200 多米。到葛洲坝，江水被江中的葛洲坝和西坝两个小岛分为三股，从右到左分别称为大江、二江和三江。葛洲坝水利枢纽工程就建在这里。

葛洲坝水利枢纽工程自 1970 年 12 月 30 日动工兴建，1981 年 7 月 30 日首台 17 万千瓦机组投入运行，1988 年 12 月工程全部完工。工程具有发电、航运、防洪、灌溉等综合功能，总库容量 15.8 亿立方米。工程主要由拦水坝、三座船闸、两座水力发电厂房、一座泄水闸、两座冲沙闸及挡水墙组成。大坝北抵江左镇镜山，南接江右狮子包，横卧长江，全长 2561 米，坝顶高 70 米，宽 30 米。坝内装有 27 孔泄洪闸，每秒可排泄 11 万立方米特大洪水。葛洲坝总装机容量 271.5 万千瓦，年发电量 157 亿度。

游葛洲坝，除登坝游览外，最吸引人的还是乘船过闸。葛洲坝有三座单级船闸，大江 1 号、二江 2 号单级船闸长 280 米，净宽 34 米，可通过大型客货轮、1.2 万至 1.6 万吨级船队，每次过闸时间 50 多分钟；三江 3 号单级船闸长 120 米，净宽 18 米，主要通过 3000 吨以下客货轮、地方小型船队，每次过闸时间约 40 分钟。船闸上游与下游的水位落差 20 多米，乘船上溯进闸后，则下闸门关闭，闸室注水，水涨船高。当闸室水位涨至与上游坝上水位齐平时，上闸门打开，船出闸驶入宽阔的"江上平湖"。下水船过闸时的情景与感觉则正好相反。

葛洲坝景区船闸（宜昌市旅游委供图）

## "万里长江，险在荆江"

长江出三峡后便进入中游，江面忽然间变得开阔起来，呈现出苏轼所说"游人出三峡，楚地尽平川"的景象。由于长江进入平原后流经古荆州地区，这一江段通称"荆江"。荆江起于湖北省宜都市，止于湖南省岳阳市城陵矶，全长360公里，以公安县藕池口为界分为上荆江和下荆江。下荆江河道蜿蜒曲折，藕池口至城陵矶间只有80公里的直线距离，却在河道中七弯八拐，变成了200多公里，因而被人们以"九曲回肠"称之。荆江北岸是江汉平原，南岸是洞庭湖平原，地势低洼，由于荆江河道弯曲，洪水宣泄不畅，极易溃堤成灾，故有"万里长江，险在荆江"之说。从旅游观光着眼，长江之荆江段有荆江大堤、荆江分洪区、长江故道三大看点。

### 荆江大堤

荆江大堤坐落在长江中游北岸，从江陵县枣林岗起，至监利城南止，全长182公里，护卫着富饶的江汉平原，历来是长江堤防中最险要的堤段。这里筑堤防水的历史始于东晋时期，至明代时已基本形成北岸荆江大堤。由于泥沙不断沉积，河床逐渐高出两岸平原，大堤也随之越来越高，长江变成了"悬河"。荆江大堤从明弘治十年（1497年）至清道光二十九年（1849年）的352年里，共溃口24次，平均15年一次。而每一次洪灾后，三年都难以恢复。当地民谣云："不惧荆州干戈起，只怕荆堤一梦终。"中华人民共和国成立后，荆江堤防建设不断加强，经受住了1998年百年不遇特大洪水的考验。如今，堤面形成了宽阔的堤顶公路，堤内堤外，杨树、柳树、松树、杉树绿荫覆盖，景色秀丽宜人。一些堤段内外还建起了公园，江堤上自驾、江岸边观光、公园内休闲已成为新的旅游时尚。江陵县郝穴镇镇安寺铁牛所在地就是一个深受当地群众和广大旅游者喜爱的滨江公园。

### 荆江分洪区

荆江分洪区位于公安县境内，北面、东面滨荆江，西临虎渡河，南抵黄山头，东西宽13.55公里，南北长68公里，面积921.34平方公里，地面高程32.8～41.5米，蓄洪水位42米时，蓄洪能力54亿立方米。工程建于1952年，是中华人民共和国成立后兴建的第一个大型水利工程。主体工程包括进洪闸（北闸）、节制闸（南闸）和208.38公里围堤。工程的主要作用是缓解长江上游洪水来量与荆江河槽安全泄量不相适应的矛盾，确保荆江大堤稳固，保证江汉平原和武汉市的安全。荆江分洪工程曾于1954年首次运用，先后三次开闸分洪，对确保江汉平原和武汉市的安全发挥了重要作用。

荆江大堤　朱本立摄

北闸位于公安县埠河镇虎渡河进口太平口处的左侧，系钢筋砼底板，空心垛墙，厢式岸墩轻型开敞式结构，长1054米，共54孔，安装有54块钢质弧形闸门。北闸闸前水位45.13米，分洪量为7700～8000立方米/秒。为防止闸前泥沙淤积影响进流，于1961年建有拦淤堤，长3400米。北闸于2006年被批准为国家级文物保护单位，近年来已建成以水利工程为主题的旅游区。

北闸旅游区对外开发的主要景点有北闸主体建筑、布可夫槽、北闸启动绞车房、北闸开启演示现场、拦淤堤、"九八"抗洪预埋炸药分洪现场，同时建有荆江分洪纪念碑、荆江分洪工程纪念园、荆江水文化游步道长廊、拓展训练基地、水上休闲区、农家乐休闲体验区。现为国家3A级旅游景区。

### 长江故道

长江故道即长江已经改道后留下的旧河道，主要集中在荆江段，尤以石首境内最多。长江冲出三峡后，在一望无际的两湖平原上恣意摆动，水深流急、崩岸频繁的长江石首河段，更是荆江河曲最多且地势最险要之地。自古以来，荆江流域就流传着"长江万里长，险段在荆江""荆江之险，险在石首""石首河湾，曲冠荆江""三十年河东，四十年河西"等民谚。

因为荆江河曲的移动和变形，从古至今在石首境内进行了多次裁弯取直行动。长江裁直后留下的老河道因为泥沙大量堆积，逐渐与长江分离。一旦老河道被淤塞而完全断流后，就逐渐改变原来"江河"的身份而成为"湖泊"。由于形似牛轭，地理学上称它们为"牛轭湖"。这种牛轭湖就是我们在地图上所见到的"长江故道"或"老江河"。流经石首全境的长江干流在1949年前长达160公里，经过50余年来碾子湾、中洲子、沙滩子、向家洲等几次大的裁弯取直行动后，现已缩短流程69.7公里。

长江故道是大自然馈赠给人类的宝贵财富。一般说来，长江故道江宽水深，资源充足，水产十分丰富。在北碾子湾故道，开发有较大面积的渔场；在天鹅洲故道，建立了国家级白鳍豚（江豚）自然保护区，附近还有国家级麋鹿自然保护区；在鸭子湖、月亮湖等地，则是莲荷飘香，群鸟翔集，渔歌互答，一派迷人风光。特别是长江故道周边有良好的湿地环境，已成为众多野生动植物栖息、繁衍、生长的乐园。

天鹅洲长江故道亦名"沙滩子故道""六合垸故道"，1972年7月因六合垸江段裁弯取直而形成。天鹅洲故道目前已被广泛认可为河成湖，并被命名为"天鹅湖"，是我省最年轻的湖泊之一，也是最美的湖泊之一。故道长20公里，宽1.2公里，水域面积为14.8平方公里。这里是长江故道群湿地中

石首天鹅洲麋鹿　　陈建平摄

保存最好的一处，现建有国家级麋鹿自然保护区和白鳍豚（江豚）自然保护区。水面和陆地组合在一起的天鹅洲长江故道湿地总面积为70平方公里，水域辽阔，洲滩纵横，生态环境原始，地形地貌独特，拥有野生植物238种、野鸟56种，除麋鹿、江豚外，还有天鹅、白鹭、猴面鹰、中华鲟、娃娃鱼等多种珍稀保护动物，被誉为"绿色宝库""天然动物园""自然博物馆"，具有重要的科研、文化、生态及旅游价值。

天鹅洲长江故道目前已成为我省重要的湿地生态旅游区，主要旅游点有原野麋鹿、观鹿塔、麋鹿科教中心、珍奇豚类观赏、江豚养殖池、水上原始森林人行栈道、珍稀鸟类观光、芦苇丛中漂流、柳荫垂钓、荷园采莲、高新农业观光、岸滩体育休闲等。麋鹿俗称"四不像"，它角似鹿、面似马、蹄似牛、尾似驴。天鹅洲麋鹿种群数量从当初引进时的64头，已发展到现在的600多头，成为世界上最大的野生麋鹿种群。白鳍豚有"水中熊猫""长江女神""东方美人鱼"之称，为中国独有的珍稀水生哺乳动物，有2000多万年进化史。但天鹅洲水域乃至整个长江水域已长期不见白鳍豚的踪影，人们只能通过欣赏其标本而展开遐想，或者借江豚抒怀。

## "一桥飞架南北"

长江上的桥梁是长江气魄和魅力的重要体现，也是长江景观的一大特色。20世纪50年代之前，长江是一道横亘在华夏大地上的天堑，"大江南北"一词从某种程度上说就含有"大江阻隔"之意。武汉长江大桥"一桥飞架南北"后，长江"天堑变通途"，长江交通进入一个新时代。

截至目前，湖北境内已建成24座长江大桥，自西向东分别为巴东长江公路大桥、西陵长江公路大桥、葛洲坝三江公路大桥、夷陵长江公路大桥、宜昌长江铁路大桥、宜昌长江公路大桥、枝城长江大桥（公铁两用）、荆州长江公路大桥、荆岳长江公路大桥、武汉军山长江公路大桥、武汉沌口长江公路大桥、武汉白沙洲长江公路大桥、武汉鹦鹉洲长江公路大桥、武汉长江大桥（公铁两用）、武汉长江二桥（公路桥）、武汉二七长江公路大桥、武汉天兴洲长江大桥（公铁两用）、武汉阳逻长江公路大桥、黄冈长江大桥（公铁两用）、鄂黄长江公路大桥、黄石长江公路大桥、鄂东长江公路大桥（黄石长江二桥）、九江长江公路大桥、九江长江大桥（公铁两用）。另外，在建11座，包括秭归香溪长江大桥、宜昌伍家岗长江大桥、宜昌白洋长江大桥、公安长江大桥（公铁两用）、石首长江大桥、赤壁长江大桥、嘉鱼长江大桥、武汉杨泗港长江大桥、武汉青山长江大桥、棋盘洲长江大桥、武穴长江大桥。

**武汉长江大桥（公铁两用）**

武汉长江大桥为公路铁路两用桥，位于武汉市武昌蛇山和汉阳龟山之间，是有史以来在长江上修建的第一座大桥，被称为"万里长江第一桥"。1955年9月动工，1957年10月15日通车。全长1670多米，上层为公路桥，下层为双线铁路桥，桥身共有8墩9孔，每孔跨度为128米，桥下可通万吨巨轮。8个桥墩中，有7个采用我国首创的"大型管柱钻孔法"。武汉长江大桥的修建具有划时代的意义，1956年

武汉长江大桥　陈卓摄

6月毛泽东主席为此豪迈赋诗，1962年4月发行的第三套人民币将大桥作为贰角人民币的正面图案，2013年5月国家将大桥列入全国重点文物保护单位。武汉长江大桥建筑质量过硬，多次遭受撞击而无损，建成60年来仅桥面进行过一次大修。武汉长江大桥是武汉市的标志性建筑，大桥、纪念碑和观景平台都是重要的旅游景观，大桥的建筑外观和装饰图案大气古拙，凝固了一个时代的记忆；纪念碑高6米，重20余吨，镌刻有毛泽东主席"一桥飞架南北，天堑变通途"的诗句；观景平台分设南北两端，是游客欣赏长江气象、三镇风采、大桥雄姿的好地方。

### 武汉鹦鹉洲长江公路大桥

武汉鹦鹉洲长江公路大桥位于武汉长江大桥上游2.3公

四桥叠印　朱力军 摄

里处，距杨泗港长江大桥 3.2 公里，北接汉阳鹦鹉大道，南连武昌复兴路，是武汉市长江上兴建的第八座长江大桥。大桥全长 9.18 公里，其中正桥全长 3.42 公里，桥面宽 38 米，设置双向八车道，设计行车速度为 60 公里/小时。该桥为世界上首座主缆连续的三塔四跨悬索桥，也是世界同类桥梁中跨度最大的三塔四跨悬索桥。2010 年 8 月开工建设，2014 年 12 月 28 日正式建成通车。

**夷陵长江公路大桥**

夷陵长江公路大桥是连接宜昌市区长江两岸的城市桥梁，北为滨江公园，南靠磨基山。1998 年 11 月动工兴建，2001 年 12 月竣工通车。大桥全长 3246 米，主桥长 936 米，桥面宽 23 米，设四条机动车道，车道外侧各设 2 米宽人行道。该桥是长江上唯一的三塔倒"Y"形单索面混凝土加劲梁斜拉桥，其跨度为世界同类桥梁之最，在建设中先后运用了 20 项新技术、新材料、新工艺。2002 年获得"鲁班奖"，2004

年获得"詹天佑奖"。

### 鄂黄长江公路大桥

鄂黄长江公路大桥是连接鄂州、黄冈两市城区的大桥，全长3245米，其中主桥长1290米，桥面宽24.5米，为五跨连续双塔双索面预应力混凝土斜拉桥，主塔高172.3米，设置双向四车道和两边人行道。该桥是湖北省首座将景观设计融入全桥总体设计的大桥，结构新颖，造型美观，梁体线形流畅，主塔、墩身、梁体外表自然光洁。桥端建有桥梁展示馆，内设世界名桥、湖北桥梁、黄冈桥梁、鄂黄大桥四个展示厅，丰富了该桥的文化内涵。

### 黄冈长江大桥（公铁两用）

黄冈长江大桥（公铁两用）位于黄冈市黄州区唐家渡上游，上距阳逻长江大桥约37公里，下距鄂黄长江大桥约17公里，为武汉至黄冈城际铁路及黄冈至鄂州高速公路的关键性控制工程。全长约4008米，设计为双层桥面，下层为双线高速铁路，上层为四车道高速公路，主桥为双塔双索面钢桁梁斜拉桥，主跨567米，为世界公铁两用桥最大主跨度。该桥有四个"世界之最"：大桥主跨567米，居世界同类桥梁之首；上层公路桥面宽于下层铁路桥面，采用上宽下窄的倒梯形主梁结构形式，主桁倾斜角度达20度以上，居世界同类桥梁之最；大桥斜拉索为空间双索面，采用的平行钢丝斜拉索为世界上最大规格型号；大桥采用的HGQZ-50000/10000型拉压钢支座，最大抗拉吨位达10000千牛顿，为世界之最。

# 第二节 汉江临泛

汉江也称"汉水",地位齐与长江、黄河、淮河。汉江大部分河段流经湖北,且风光随段变化,为湖北旅游增添了新的生机与活力。

## "天外汉江来"

汉江发源于陕西宁强县秦岭南麓,往东南流经陕西省南部,过白河县后,从郧西县进入湖北。丹江口以下,干流折向东南,沿途经襄阳、宜城、钟祥、天门、潜江、仙桃、汉川等县市,最后由武汉市汉口龙王庙汇入长江。汉江为长江第一大支流,全长1577公里,在陕西境内长657公里,在湖北境内长920公里。在发源地名"漾水",流经沔县(现勉县)称"沔水",东流至汉中始称"汉水",自安康至丹江口段古称"沧浪水",襄阳江段别名"襄江""襄水"。

汉江源头至湖北省丹江口为上游,全长956公里,河道呈东西走向,穿行于秦岭、大巴山之间,沿途峡谷盆地交替,河床多为卵石、砾石与基岩。干流自郧西进入湖北省后,北为秦岭余脉,南为武当山脉,属山地蜿蜒型河道,水流湍急,水力资源丰富,是开发汉江水力资源的重要河段。在湖北境内,汉江上游段先后有金钱河、天河、堵河、泗河、官山河、浪河、丹江等河流汇入。

汉江自丹江口至钟祥市碾盘山为中游，全长 223 公里，河道呈南北走向，流经丘陵地区和河谷盆地，河床宽而浅，水流较散乱，属游荡型河道。汉江接纳南河和唐白河后，水量、沙量大增，河床时冲时淤，并受制于两岸地形，或宽或窄，低水位时河槽宽约 300～400 米，洪水期则达 2～3 公里，最宽时可达 5～6 公里。本江段襄阳以上河床质为大石，粗、细沙等，襄阳以下为沙质河床。

汉江自钟祥市碾盘山至武汉市入长江口为下游，全长 398 公里，河道呈南北转东西走向，流经江汉平原，水流变缓，属平原蜿蜒型河道，两岸筑有汉江大堤。本段沿江两岸海拔 35 米以下为平原与湖泊，35～50 米为河阶地、岗地与丘陵。汉江、东荆河、长江等大河之间地势较低，易形成洼地湖泊带，如汉江与东荆河之间有通顺河排湖洼地带，东荆河与长江之间有内荆河洪湖洼地带。在平原与阶地相连的地方地势也较低，易形成岗地边洼地湖泊带，如钟祥笡家湖、天门白湖、孝感野猪湖等。本江段，汉江在潜江市泽口龙头拐接纳东荆河，在武汉市东西湖区新沟接纳汉北河。

汉江流经湖北西北部的广大区域，穿山地峡谷，流丘陵岗地，经湿地平原，呈现出多样自然景观；过繁华都市，越广袤乡村，具有不同文化气息。按照规划，湖北将把汉江作为重要的旅游廊道来建设，着力打造汉江旅游新品牌。

## 汉江里的水

受季节影响,汉江水有丰盈和旱枯之别。丰水季节,汉江浩浩荡荡,很有几分豪迈的气势。枯水季节,中游江段常有成片成片的沙洲露出水面,汉江便显得有些萧瑟。但不管怎样,湖北的汉江从没有干枯到赤裸着河床——即便是涓涓细流,也要一路向东汇入长江。因为汉江毕竟是一条南方的河流,只不过具有一些北方河流的特征罢了。

汉江一直保持着一江清水,不仅仅是为了南水北调送往北方,更是为了体现自身的气质与品格。在江汉与长江交汇之处,最能体现长江的浑厚和汉江的清秀了。在武汉的龙王庙,往汉江这头看,水清岸近,一副小家碧玉模样;往长江那边看,水浊江阔,俨然沧桑汉子一般。世人皆知泾渭分明,却不知江浊汉清也!

### 郧阳湖

郧阳湖位于十堰市郧阳城区南面汉江上,原为一湾汉江浅水,丹江口大坝兴建特别是丹江口大坝加高工程完工后,这里便蓄水成湖了。这里是南水北调中线水源地,水质清澈,晶莹剔透。为确保蓝天白云与一湖清水永相映,同时把郧阳湖及其环线打造成生态旅游休闲地,当地按照"突出特色,提升品位,建成精品"的要求,编制了《环郧阳湖景观建设和生态绿化规划》及其行动方案,还专门聘请知名专业公司对重要景观节点进行规划设计。2015年以来,郧阳区开展了环郧阳湖景观建设行动,在消落地造林、发展坪地苗圃、园区景观建设、荒山造林等方面取得了明显成效，给了郧阳湖水一个充满绿色生机和草木柔情的环抱。

郧阳湖周边湿地资源丰富，神定河与汉江交汇处以西的沿汉江区域正在积极创建国家湿地公园。湿地公园内滩涂发育，以天然的河流湿地为主。当地结合湿地资源分布、动植物资源、土地利用、景观格局等状况，将湿地公园分为生态保育区、恢复重建区、宣教展示区、合理利用区、管理服务区五大功能区，将在此基础上着力打造湿地生态旅游区。

### 丹江口水库

丹江口水库由 1958 年修建的丹江口水利枢纽工程和 2005 年 10 月开工的丹江口大坝主体加高工程完工后蓄水而成，淹漫于汉江及其支流丹江之上，跨鄂豫两省，面积 1022.75 平方公里，库容 339.1 亿立方米，正常蓄水位 170 米。

丹江口水库（十堰旅游委供图）

丹江口水库是以供水、防洪、发电为主，兼具灌溉等功能的大型人工水库，水库水质连续稳定在国家二类以上标准，是南水北调中线工程的水源地。2014年12月，中线工程正式通水，一库清水源源不断地流向河南、河北、北京、天津4省市沿线地区的20多座城市。

说到丹江口水库，就得提及一下孕育它的丹江。丹江古称丹水、淅水、粉青江、黑江，发源于秦岭，先流经陕西，于商南县荆紫关附近出陕西境，进入河南省淅川县，再向南在湖北省丹江口市汇入汉江，全长384公里。丹江全部为山区河道，是汉江的主要分支，是中国古代长江地带通往西安的一条重要水路交通线。

近年来，丹江口水库旅游价值凸显，烟波浩渺的湖水、曲折有致的岸线成为生态旅游的重要凭借。当地引资在丹江口市郊兴建的丹江口库区旅游中心港服务设施齐备，且依山傍水，风景绮丽，加之港湾、游艇和岸上的风情街各具特色，不仅成为丹江口水库旅游的重要集散地，本身也成为富有特色的休闲度假旅游区。

### 梨花湖风景区

梨花湖位于老河口市境内，面积为42平方公里，系在汉江干流上兴建王甫洲水利枢纽工程而形成。王甫洲水利枢纽位于丹江口水利枢纽下游、老河口市近郊，是继上游石泉、安康、丹江口后，在汉江干流上兴建的第四座水利枢纽工程，建有当时亚洲最大的低水头发电站。1995年初动工兴建，2000年5月竣工。

梨花湖本无名称，江面蓄水成湖后，老河口市面向社会公开征集其名。最终因这一平湖周围环绕着大片大片的梨园，并盛产优质砂梨，而将其命名为"梨花湖"。这里水面宽阔，植被丰厚，乡村旅游资源和湿地资源丰富，具有较高的旅游景观价值。老河口市已决定将梨花湖打造为集观光、度假、疗养、乡村休闲于一体的生态旅游区，景区观光主干道、汉江水果带观光道路、湿地公园、梨花岛休闲度假区等项目正在加紧建设之中。

## 汉江上的岛

汉江上的岛主要分为两大类，风情别样。一类是泥沙淤积而形成的洲，土质较疏松，临水多有沙滩，适宜乡村休闲和沙滩运动。汉江中游共有这样的沙洲 140 多个、沙滩 38 处，平均不到两公里就有一处沙洲或沙滩，而且现在还有新沙洲出现。一类是拦河成库而未完全淹没的山头，因为质地较坚硬，可在保护生态的基础上适当建设旅游设施，开展生态文化旅游。

### 郧阳岛

郧阳岛位于十堰市郧阳区柳陂镇东北部、汉江东南岸，原称"和平岛"，也叫"光石山"，总面积为 2.5 平方公里，与青龙山国家地质公园相连。丹江口大坝加高工程完工后，郧阳岛原来的围堤被淹没，南湖与北湖连成一片水域，同时又在江中形成多个岛屿。郧阳岛旅游区总面积为 12 平方公里，岛东侧通过汉江大桥与郧阳城区相通。

当地正引资大力开发郧阳岛，将通过各具特色又相互依存的旅游功能区建设，形成集生态观光、运动休闲、地方文化展示、会议中心、水上娱乐、居住生活等于一体的综合性旅游区。水上观光旅游目前已开展起来，新建的郧阳岛旅游服务基地由游客接待中心、生态停车场、旅游专用码头等设施组成，可同时停靠16艘100客位的旅游船。2015年3月，郧阳岛旅游码头正式接待游客，并推出了汉江水上观光游。

### 鱼梁洲

鱼梁洲位于襄阳城区附近的汉江上，南北长10.65公里，东西宽5.3公里，在汉江61.5米水位时洲体面积为26.5平方公里。鱼梁洲素有"汉江明珠"的美称。

汉代以前，襄阳城东门外之地统称为"鱼梁洲"，是一个三面环水、一面靠山的半岛。唐朝时期，现鱼梁洲之地在汉江枯水期仍与今天的鱼梁坪相连。1958年修建汉丹铁路时，在鱼梁坪与鱼梁洲间低洼区域大批量挖采卵石，形成低槽，后汉江沿槽过水，使鱼梁洲与鱼梁坪分离，形成了汉江中最大的岛屿。

唐朝时期，漫游风盛。鱼梁洲以其临城临江、视野开阔、景色多姿之特色，而成为当时重要的登临胜地。唐代山水田园诗派的开创者孟浩然不但在鱼梁洲上"踏雪寻梅乐逍遥"，还在其诗《夜归鹿门山歌》中，描述了"鱼梁渡头争渡喧"的热闹景象。在《与诸子登岘山》中，孟浩然描写了枯水季节的鱼梁洲，"水落鱼梁浅，天寒梦泽深"；在《登江中孤屿赠白云先生王迥》中,他通过赞美汉江和鱼梁洲的神奇美丽,表达了对友人的深情厚谊。皇甫冉在《杂言月洲歌送赵冽还襄阳》中,亦赞叹鱼梁洲"汉之广矣中有洲,洲如月兮水环流"的特殊景象。李白、陆龟蒙等诗人也曾描写过鱼梁洲的景色,张九龄、王维、王昌龄、皮日休等诗人亦曾登临鱼梁洲,并歌咏其美景。

鱼梁洲是襄阳汉江国家湿地公园的重要组成部分,将在保护的基础上积极开发旅游业。襄阳在打造汉江风光带过程中,将鱼梁洲定位为"生态之洲、文化之洲、运动之洲、休闲之洲、浪漫之洲",致力于将其打造成生态良好、洲水和谐、天人合一、享誉世界的高品质旅游岛。

### 桃花岛

桃花岛又名"老龙洲",古名"解佩渚",位于襄阳市城区西面的汉江中,东西走向,面积为10平方公里。这里过去

桃花岛

曾大面积种植桃树，花开十里，姹紫嫣红，因而得名"桃花岛"。现在沙洲上仍然林木葱茏，莽莽苍苍，并保持着醇厚的野趣和乡土味。

桃花岛之古名解佩渚与一个优美动人的爱情故事联系在一起。相传汉代时有一书生名叫郑交甫，一日游历沙洲，偶遇下凡的仙女，彼此一见钟情。仙女解下身上玉佩相送，以示对郑生的爱慕之情。"解佩渚"因此而得名。为纪念这一美丽的爱情传说，在每年的农历正月二十一，襄阳的姑娘们都会结伴出行，在洲上寻觅带孔奇石，并用彩丝穿起，挂在脖颈寄情。

桃花岛与襄阳市区只有一水之隔，交通便利，现已成为城市游客开展乡村旅游的好去处。这里建起了旅游型农庄，乡村旅游逐步兴旺。观光农业示范基地为游客提供了农事体验的机会，原生态的养鸡场、养牛场、养猪场让游客感受到乡村生活的一个侧面，环岛的水面是游客理想的垂钓之地，以"野、土、鲜"为特色的农家菜能让游客品尝到别样风味。除乡村旅游外，岛上还兴建了以科学养生为主题的产业园。产业园内兴建了民俗文化长廊、书画摄影长廊、老人乐园和儿童乐园，开发了打靶、射箭、弹弓等一批传统游戏项目。

## 沿汉江湿地

汉江湿地资源丰富，上游郧阳湖、丹江口水库的岸边、周边都有特色鲜明的湿地景观。汉江中游湿地资源更为集中，知名度也更高，目前，谷城汉江湿地公园、长寿岛湿地公园、襄阳汉江湿地公园和宜城万洋洲湿地公园先后获批为国家级湿地公园。

### 长寿岛国家湿地公园

长寿岛国家湿地公园位于襄阳市樊城区牛首镇,是以汉江江心洲长寿岛为主体的湿地公园,属典型的自然河流湿地,面积为3077公顷。岛上分布有多种国家一、二级野生保护动物,均为鸟类,是湖北省普通燕鸥的主要栖息地和繁殖地,还有全省极为少见的鸟类——蓝喉蜂虎。长寿岛湿地四面环水,湿地生态系统完整,生态环境保护良好,长寿文化特色鲜明,具有很高的湿地生态保护价值和生态旅游开发价值。

### 襄阳汉江国家湿地公园

襄阳汉江国家湿地公园位于东起崔家营水库坝址,西至襄阳汉江四桥的汉江及其岸边,湿地面积3179公顷。湿地公园形成了以永久性河流湿地为主,以洪泛湿地、草本沼泽湿地、少量人工湿地和山地森林为补充的复合生态系统,分布有维管束植物72科182属241种,包括厚朴、鹅掌楸、刺楸、杜仲、野大豆5种国家重点保护植物;有脊椎动物27目63科135属183种,包括国家一级保护动物2种、二级保护动物13种。该湿地公园位于我国候鸟迁徙的中线,因而水禽种类众多,共有7目12科30属46种。开辟有湿地鸟类观光、湿地植物展示园游览、湿地游憩体验等项目,设计了科普宣教游线和湿地体验游线。

### 谷城汉江国家湿地公园

谷城汉江国家湿地公园地处谷城县南、北二河与汉江交汇区域，三面环水，西靠县城，属典型的自然河流湿地，面积为2188公顷。湿地内水系发达，植被茂盛，水草丰美，鸟类资源丰富，生态系统完整，具有较高的生态保护价值和旅游开发价值。现已规划湿地管理服务区、科普宣教区、生态保育区、汉江文化展示区、湿地生态环境游赏区、神农农耕体验区六大功能区，正在开发神农五谷、后湖夜月、曲水荷香、粉水澄清、仙人古渡、青洲放歌、土木造化、水石前盟八大景观。

### 万洋洲国家湿地公园

万洋洲国家湿地公园以宜城境内西北—东南向的汉江为主体，为永久性自然河流湿地以及洪泛平原湿地，总面积2466公顷，湿地率为69.53%。湿地公园内分布有维管束植物74科185属229种，脊椎动物27目52科119种。万洋洲自然景观优美，生物种类多样，建设成国家湿地公园后，为保护汉江湿地资源和生态环境、发展生态旅游业创造了良好条件。

## 汉江孕育武汉

武汉市位于长江与汉江交汇处、江汉平原东部边缘。由隔江鼎立的武昌、汉口、汉阳三镇组成，面积8494平方公里，人口超过1000万，为我国中部地区最大的城市和正在建设中的国家中心城市。汉江孕育武汉，至少有三个方面值得一提。

第一，武汉三镇中有两镇与汉江密切相关。汉阳原在汉江之北、龟山之南，因"山南水北谓之阳"而得名。明代成化十年（1474年）汉江改道于龟山北面注入长江，汉阳虽变为"水之南"，但名却坚持下来了。汉口之地原与汉阳相连，为汉阳的一部分；汉江改道后，汉口开始独立发展。汉口曾叫"江夏""夏口"，这里逐渐兴盛后，来此经商的人络绎不绝，外省客商中尤以陕西为多。由于汉江发源于陕西，而江夏又是汉江入长江之口，陕西客商便称之为"汉口"，久而久之，就约定俗成了。

第二，武汉简称"汉"，与汉文化的"汉"一脉相承。目前专家们已趋于形成共识：刘邦建立的朝代称为"汉朝"，中华民族大家庭中人口最多的民族称为"汉族"，中国人使用的文字称为"汉字"，中国人所说的话称为"汉语"，以及中国的主体文化称为"汉文化"，都与汉江密不可分。武汉没有简称为"武"，而是基于濒临汉江而简称为"汉"，正好与汉文化的"汉"一脉相承。

第三，汉江进一步造就了武汉的繁荣与兴盛。汉江是武汉人眼中的"小河"，但它与"大江"长江一样，也深深地融入了这个城市的发展史。古代汉阳的发展离不开汉江，唐朝时所筑汉阳城的八个城门中有三个以"汉"命名（另有沙洲门与长江有关）。明清时期汉口成为全国"四大名镇"中的"商业名镇"，一个重要方面就是得益于汉江之功。当时有歌谣云："要做生意你莫愁，拿好本钱备小舟，顺着汉水往下走，生意兴隆算汉口。"古代的武昌城之西北门称为"汉阳门"，其作为地名一直沿用至今，也说明了汉江的地位和影响。

## 第三节　清江画廊

> 清江是全程流经湖北的最长的一条河流。这条交织山水风光与民俗风情的景观型河流，是展示湖北旅游魅力的又一点睛之笔。

### "八百里清江美如画"

清江，古称"夷水"，《水经注》说："夷水，即佷山清江也。水色清照十丈，分沙石。蜀人见其澄清，因名清江也。"清江为长江的一级支流，发源于利川市的齐岳山，流经利川、恩施、宣恩、建始、巴东、长阳、宜都7个县市，在宜都陆城汇入长江。清江全长423公里，号称"八百里清江"。

清江从河源至恩施城区为上游，长约153公里，属高山河型。清江自河源起陆续接纳观音河、九渡河等河流，南过利川市区又纳忠孝水，折流向东北6.8公里至腾龙洞水洞处潜入地下，形成"卧龙吞江"之奇观。自腾龙洞水洞进入伏流后，清江时隐时现，经鲢鱼洞、响水洞、观彩峡至黑洞复出，称为"雪照河"。出黑洞至车坝，清江两岸均为高山，江面犹如小溪。从车坝起清江先后接纳甘名溪、龙桥河、浑水河，水势渐大，水面较为开阔。

清江从恩施城至长阳县资丘镇为中游，长约160公里，属山地河型。清江出恩施市区往南约 5 公里后开始变窄，多险滩。伏三跳至眠泽口长约 58 公里，江段蜿蜒曲折，山高水急，曾为清江最险段之一。这一江段先后有天桥河、中间河、南里渡河等河流汇入。清江进入建始县后称为"景阳河"，两岸山崖耸峙，河道水深且有险滩。建始县境内，有伍家河、清龙河、野三河汇入。野三河为建始与巴东两县的界河，清江进入巴东县 26 公里后至水布垭，这一江段除南潭河附近 3 公里山坡较平缓外，其余均为高山峡谷。水布垭附近建有清江上最大的水电工程，坝型为混凝土面板堆石坝，为目前世界上最高的混凝土面板堆石坝。过水布垭后，清江进入长阳县，仍穿行于峡谷中，其中招徕河以西长约 5 公里的一段峡谷为伴峡，是"清江三峡"之一。

　　清江从资丘镇至宜都市入长江口为下游，长约 110 公里，属半山地河型。清江在资丘镇以下仍穿行于峡谷中，资丘下

长阳清江画廊

马巷至巴山长5公里的一段峡谷称为巴山峡,为"清江三峡"之一。进入平洛后,上起膀子石、下至沿市口有平洛峡,亦为"清江三峡"之一。出峡后不远处有隔河岩水电大坝。隔河岩坝址下游有丹水自左岸汇入,丹水漂流为长阳较早开发的旅游景区。隔河岩以下两岸逐渐开阔,流经鄢家沱附近进入丘陵区,直至宜都市城区汇入长江。其间,有渔洋河自右岸汇入。在距河口约12公里处为高坝洲水利枢纽工程坝址,大坝为混凝土重力坝,最大坝高57米。

清江是一条具有自然特色的河流。自西向东切割云贵高原东部边缘的鄂西群山,大部分河段形成高山深谷,一派山清水秀风光,有"山水画廊"的美誉。清江也是一条充满文化魅力的河流。"向王天子一支角,吹出清江一条河。"这里是土家族发祥地,传说土家族祖先巴人在首领廪君的率领下,曾沿清江向外开疆拓土。

## 清江上游:溶洞与绝壁

清江上游河道明流和伏流兼备,明流深切峡谷,气势雄伟,摄人心魄;伏流奔腾于地下又突然流出,十分壮观,令人震撼。

### 腾龙洞

腾龙洞位于利川市区东北6.8公里处,由水洞、旱洞组成。以腾龙洞之水洞、旱洞为主体,包括附近鲇鱼洞、凉风洞、独家寨、龙门、化仙坑等景区在内的腾龙洞旅游区面积为

69 平方公里，是集山、水、洞、林、石、峡于一体的生态旅游区，目前为 4A 级旅游景区。2016 年 10 月通过国家 5A 级旅游景区景观质量评审，进入 5A 创建行列。

　　腾龙洞水洞为清江干流的一部分，潜入地下变为伏流，全长 16.8 公里。水洞入口处高 60 米，宽 40 米，洞口半高处及洞壁分别建有石桥和栈道。站在其上，往清江上游方向看，只见清江水流突然气势磅礴地奔泻而至，一下子变成 23 米高的飞瀑，势不可挡地跌落水洞之中；往洞口看，可目视几十米深，而入口恰似一条卧龙张开巨嘴，吞吸清江水；低头往下，江水在脚下翻滚，激荡澎湃，声如雷鸣，摄人心魄。面对这独一无二的景象，人们为其取了一个非常形象生动的名

别有洞天　彭一新摄

字——"卧龙吞江"。也许在人们看来，只有这四个字才配得上清江的气势与风度。

腾龙洞旱洞已探明长度为52.8公里，面积超过两平方公里，洞口高74米，宽64米，为中国乃至亚洲最大的岩溶洞穴，也是世界特级岩溶洞穴之一。整个洞穴群共有上下五层，其中大小支洞300余个，洞中有山，山中有洞，洞中有水，洞水相连，构成一处庞大而奇特的洞穴景观。洞穴最高处237米，最宽处174米，洞内最高山高达125米。洞中共有150余个洞厅，象形石140余种。洞内宽阔，步道平坦，空气流畅，环境良好，终年恒温14℃～18℃，是生态旅游的好去处。

腾龙洞所在区域是土家族聚居地，为展现独特浓郁的土家文化，旅游区推出了大型旅游演艺节目《夷水丽川》，同时配套推出了高科技激光秀，常年在洞内大厅进行表演。

### 雪照河

雪照河位于利川市团堡镇梨树村境内，为清江上游的一段。清江在腾龙洞水洞伏流10多公里后，于黑洞流出地面，并一路奔流向前，再无伏流。由于刚从地下涌出的水流十分湍急，翻滚的浪花犹如千堆雪，映照在清江之上，故而有"雪照河"之名。

清江雪照河段是一条既险峻幽深又神秘奇特的大峡谷。峡谷深且狭窄，两岸山崖连天，又有奇峰峭立，山石象形，绿树环合，银练飞泻，风景独到。这里不仅远离城市的喧嚣，也没有乡村的袅袅炊烟，似与世隔绝之境。雪照河段有支流汇入，支流险远之处极富生态特色和荒野之趣。

雪照河附近有岩溶洞穴玉龙洞，因洞内有奇石如龙、洁白如玉而得名。洞在半山腰上，有1个主洞和3个支洞，全长1630米，洞口高5.7米，宽12米。洞中景点众多，且随物赋形，美轮美奂，有如仙山琼阁。

### 恩施大峡谷

恩施大峡谷位于恩施市屯堡乡和板桥镇境内，是清江大峡谷中的一段。峡谷全长108公里，总面积为300多平方公里。景区主要由大河碥风光、前山绝壁、大中小龙门峰林、板桥洞群、龙桥暗河、云龙河地缝、后山独峰、雨龙山绝壁、朝东岩绝壁、铜盆水森林公园、屯堡清江河画廊等部分组成。2015年被评定为国家5A级旅游景区。

恩施大峡谷地貌形态丰富。在恩施大峡谷，几乎能找到喀斯特地貌的所有形态，包括绝壁、峰柱、天坑、地缝、溶洞、天生桥、暗河、竖井、石林、峰丛、悬谷等。这种集大成的立体性熔岩地貌极其罕见，称得上是"中国中部地球表层喀斯特地貌演变遗迹的自然博物馆"。

恩施大峡谷地质景观奇绝。首先，"有绝壁者无峰丛，有峰丛者无绝壁"的喀斯特地貌特征在恩施大峡谷被改写，这里绝壁与峰丛并存，形成"绝壁环峰丛"的奇观，特别是"既有四面绝壁凹陷于丛峰之中，也有四面绝壁凌驾于丛峰之上"，为世界上首次发现。其次，这里的"地缝—天坑—岩柱群"复合型喀斯特地貌为世界唯一，云龙地缝、云龙天坑与周边的岩柱群共同构成这一奇观。再次，不同于下窄上宽或上窄下宽的地缝类型，恩施大峡谷景区内的云龙河地缝上下基本同宽，断面垂直于天地，形成正"U"字形的地缝类型，国内外罕见。另外，地缝接飞瀑（云龙河地缝内，飞瀑悬挂，鸣珠溅玉）、清江升白云（从清江上升起的云海像一条腾飞的巨龙，形态丰润，蜿蜒百里）、天桥连洞群（大峡谷沿线有大小洞穴200余个，更有天桥匹配，水天相谐，犹如仙境）等众多奇观也独一无二。

恩施大峡谷民族风情浓郁。这里是土家族、苗族等民族的聚居地，民族村寨、民族建筑点缀于自然风景之中，歌舞、民俗、节庆等饱含浓郁的民族风情，赋予整个恩施大峡谷旅游区以民族个性。每年举办的土家情人节"女儿会"是恩施民族文化的象征和令人心动目眩的艺术奇葩；土家民歌比赛等展现了恩施大峡谷独特的人与自然和谐之美；大型山水实景演出《新龙船调》集规模性、艺术性、民族性、地域性于

恩施大峡谷　曾辉摄

一体，是一场令人惊艳的艺术盛宴。

恩施大峡谷生态环境良好。恩施大峡谷处于北纬30度附近的亚热带季风性落叶与阔叶混交林地带，很好地保持了这一地带的生态景观与生物多样性，群落完整，林木苍翠，空气清新，气候宜人。同时，恩施大峡谷一带还有"华中药库""世界硒都"之称，特别是有机硒符合国际营养学标准，对发展健康旅游意义重大，为打造国内一流健康旅游基地创造了良好条件。

## 清江中游：峡谷与水库

清江中游河道绝大部分流经深山地区，形成奇美的高山峡谷风光。随着拦江大坝的修建，水库中的清江又多了几分清秀与妩媚。

### 清江漂流

清江中游有目前清江唯一可以漂流的河段，曾经的名称叫作"清江闯滩"。当时可以漂流的河段起于恩施市城区，止于浑水河大桥，全长38.5公里，最窄处15米，最宽处200多米。这段清江有5个峡谷、48道落差2~4米的险滩，这一道道险滩又由一湾湾波澜不兴的静水区串联起来，一静一动，珠联璧合。不过，在水布垭水利枢纽工程兴建后，由于回水淹没至清江闯滩所在的江段，目前能漂流的河段已经很短了，在原先的惊险中平添了几分平和与惬意。

今日的清江漂流融有惊无险的峡谷泛舟、如梦如幻的清江画廊、独特浓郁的土家民俗、充满野趣的生态环境于一体，能给人以多样化的旅游体验。特别是这一江段处于野外，幽深静谧，颇有"蝉噪林逾静，鸟鸣山更幽"的意境。且沿江两岸，山崖高耸，奇石遍布，茂林修篁，山花吐香，雄奇中透出清丽。间或一瞥，土家人种田放牧的生活场景、村姑洗衣浣纱的曼妙诗韵、船工高亢激越的清江号子，都和谐地融入这峡谷的野趣中了。

### 景阳河

景阳河是清江在建始的名称，位于建始县南部，介于清江支流巴溪河、伍家河与野三河、清龙河之间，全长23公里，宽约百米。景阳河属山地峡谷，是恩施清江画廊的浓墨重彩之笔，为国家4A级旅游景区野三河的重要组成部分。

景阳河建有旅游码头，开辟有乘船游清江项目。船行江中，已没有水布垭水库蓄水前那种崖高壁峭、撼人心魄的景象了，但见江水清清，山头峭立，间或绝壁断崖垂江、泉瀑

景阳河画廊

喷涌飞泻，如在画中行。河两岸多奇景，最绝美的当属蝴蝶飞瀑了。两块绝壁直悬江面，恰似蝴蝶两翼扑腾一般。石壁颜色为铁青与灰白相间，并有橙、黄点缀其间，还有草木奉献一片黛绿，蓝天白云之下，煞是好看。两翼之间有洞，一股清泉从中喷涌而出，飞挂崖前10多米，在空中飞舞一阵后散落江中。

### 水布垭水库

水布垭水库位于巴东县水布垭镇，是修建水电大坝后蓄清江水而成，是清江梯级开发的龙头水利枢纽，以发电、防洪、航运为主，兼顾旅游等其他功能。主体建筑物有混凝土面板堆石坝、河岸式溢洪道、右岸地下式电站厂房等，其中面板堆石高坝为世界第一。水库正常蓄水位400米，相应库容43.12亿立方米，装机容量184万千瓦。

水布垭水库虽然是蓄水成湖，但仍然是一派峡谷风光，只不过少了些绝壁断崖而已，青山绿水成为主色调。船游水

秀美水布垭　唐传义摄

库之上，可欣赏官帽峰、白水溪、犀牛岭、五兄弟奇峰、童子礼佛、神女石、巴王峡、雷公岩等美景。水库左岸还有三里古城，建于武落钟离山之上，一说为土家族的发祥地。

### 伴峡

伴峡地处长阳渔峡口镇西部，东起招徕河口，西止龙池，全长5公里。它是清江三峡（平洛峡、巴山峡、伴峡）中最上游的一个峡，也是清江三峡中最有峡谷风采的一个峡。两岸青峰夹峙，一江碧水长流，风景奇美，有睡美人、薄刀岭、白虎镇江、雄狮屙尿等造型奇特的岩石，有海螺洞、和尚洞、榨洞、迷水洞等各自成趣的溶洞。

"伴峡三望"历来为人称颂。一望狮子洞。洞中有钟乳石形如雄狮，一暗河从雄狮胯下飞泻而出，其名曰"狮子屙尿"。二望薄刀岭。一巨大如屏山峰犹如一把薄刀，突兀于群峰之上，直插云天。三望盐池温泉。《水经注》曾这样描写："大溪南北夹岸，有温泉对注，夏暖冬热，上常有雾气，疡疠百病，浴者多愈。父老传此泉先出盐，于今水有盐气。"浴此温泉，心旷神怡。

## 清江下游：山地与坪坝

清江下游河道被大坝分割成一段一段的水库，形成柔美的湖岛风光。一些河段由于青山夹峙，呈现出一派青山绿水的峡谷风光。

### 隔河岩水库(长阳清江画廊)

隔河岩水库因隔河岩大坝蓄水而成。大坝位于长阳土家族自治县县城附近,正常蓄水位200米,相应库容34亿立方米。隔河岩水电工程由河床混凝土重力拱坝、泄水建筑物、右岸岸边式厂房、左岸垂直升船机组成。水电站于1994年建成,装有4台单机容量30万千瓦的水轮发电机组,年发电量30.4亿度。

隔河岩水库起于长阳境内的隔河岩大坝,沿清江往上直抵巴东县境,这一段清江风光绝美,被称为"长阳清江画廊"。它是集山水、生态、文化、风情于一体的综合性旅游景区,原生态的自然山水和原生态的民俗风情在此完美结合,2012年12月被评定为国家5A级旅游景区。其特色之一是山水画廊。清江蜿蜒于保持自然原貌的群山之间,形成亦峡亦湖的特殊景观。两岸发育独特的喀斯特地貌,山形奇特,植被完

长阳清江

好，江水时而因两山夹峙而成峡，时而因云开天阔而成湖，并有数百岛屿如翡翠般星罗棋布于其上。这里还是珍稀植物储藏的宝库、野生动物栖息的天堂，有国家重点保护野生植物28种、动物18种。其特色之二是民族摇篮。长阳清江武落钟离山作为土家族的发祥地，是土家族之根。这里不仅流传着"向王天子一支角，吹出清江一条河"的美丽传说，而且至今仍然保存着土家族完整的物质文化和非物质文化，特别是"以哭泣庆贺婚嫁、以歌舞祭祀亡灵"的民俗和"能说话就会唱歌、能走路就会跳舞"的民风，创造了五项国家非物质文化遗产，南曲、巴山舞更是独树一帜，成为少数民族艺术的奇葩。

清江画廊旅游区在旅游开发建设上，始终坚持"统一规划、突出特色、差异定位、打造精品"的原则，打造了武落钟离山、倒影峡、仙人寨、天柱山、九湾大峡谷、伴峡、香炉石、巴王洞、兰草谷、愚人岛、北纬30度岛、盐池温泉12个震撼性景点，培育出了原生态旅游品质，形成了观光览胜、度假商务、科研科考、健身旅行、休闲养生、寻根祭祖、户外体验、拓展运动等完备的旅游产品体系，并已产生广泛的品牌效应，在市场上的吸引力持续增强。

## 高坝洲水库

高坝洲水库是修建水电大坝后蓄清江水而成，处于宜都市和长阳县交界处。高坝洲水利枢纽位于宜都市境内，上距隔河岩水利枢纽50公里，下距清江入长江口12公里，是隔河岩的反调节电站，是清江干流最下游的一个梯级水利枢纽。

高坝洲水库正常蓄水位 80 米,相应库容 4.3 亿立方米,坝区回水长 50 公里,与隔河岩电站尾水相接。

高坝洲水利枢纽自左至右有左岸非溢流坝、河床式电站厂房、深孔泄洪坝段、表孔溢流坝段、升船机坝段及右岸非溢流坝段。坝顶长 419.5 米,最大坝高 57 米。电站厂房安装 3 台 9 万千瓦发电机组,总装机 27 万千瓦,年发电量 8.98 亿度。

### 天龙湾旅游度假区

天龙湾是清江下游一段弧形的江岸,位于宜都市高坝洲镇和红花套镇境内,下游至宜都城区约 15 公里,上游至长阳县城约 20 公里。以弧形江岸为基础的天龙湾旅游度假区面积 100 平方公里,其中水面面积为 30 多平方公里。这里湖面宽阔悠远,水质清澈纯净,岸边植被葱茏,生态环境良好。附近还有中国谜语第一村青林寺和宋山省级森林公园。

天龙湾旅游度假区

天龙湾旅游度假区规划建设天龙湾欢乐水世界、杨守敬文化村、高尔夫球场、国际会议中心、度假村、植物园、青少年素质教育基地等项目。目前已建成景区服务接待中心和水上休闲中心，开辟有多个观光类和参与体验类项目，并提供食宿等旅游服务。

## 第四节 河库竞秀

在湖北省境内，长度5公里以上的河流有4000多条，另有小河流1100多条，河流总长5.9万多公里，其中长度在100公里以上的河流41条。这些河流或穿行山间，或流经平原，或连接山区与平原，气象万千。一些河流还串联起一座、两座甚至几座水库，使河流呈现出新的模样。湖北现有大小水库5800多座，其中大型水库59座，数量居全国第一。这些充满魅力的水库和气象万千的河流同源同流，相伴相随，故本节将它们融为一体，但以水库为主来展开。

### 十大景观型水库

河流孕育水库，最著名的当属长江上的高峡平湖、汉江上的丹江口水库、清江上的隔河岩水库。除这三大水库外，再介绍一下十座比较重要的景观性水库。

#### 漳河水库

沮漳河是长江中游左岸的重要支流之一，上游为山区，下游为平原，以沮河为源全长344公里。沮漳河上游分东西两支，西为沮河，东为漳河，各自流经保康、南漳、远安，

漳河风光　袁昌新摄

在当阳市河溶镇两河口合流，再经枝江，于荆州市荆州区注入长江。

漳河水库是在漳河上建坝而成的水库群，通过3段明槽串联成整体，面积为104平方公里。水库枢纽工程在鄂西北山区与江汉平原交会地带的荆门市漳河镇，1958年开工，1966年竣工。漳河水库工程建筑物包括观音寺、鸡公尖、林家港、王家湾4座拦河大坝及副坝，清静庵、黄家塝、姚家冲3条输水明槽，陈家冲、马头砦溢洪道，崔家沟非常溢洪道，烟墩渠首闸，徐家西湾闸，西干闸，周河闸和水电站等。

漳河水库青山环绕，山俊水柔，相映成趣。库中有130多个岛屿、半岛，情趣各具，风格迥异，是我省重要的生态旅游区。漳河景区自然景观、人文景观与建筑工程相映生辉，分为七大片区，有水利工程、游乐园、洪山古寺、观音岛、陡石崖、伍峰寨、季家沟、乐天处、青蛙石、老龙洞等数十个旅游景点。

### 陆水水库（陆水湖）

陆水发源于幕阜山北麓的通城县马港镇高峰村境内，因三国东吴名将陆逊驻军屯田于此而得名。由南向北纵贯通城、崇阳、赤壁，在嘉鱼县陆溪镇注入长江，全长187公里。陆水上游称"隽水"，因水质清亮、甘甜而得名，通城、崇阳的河段分别称为"上隽"和"下隽"。上游为花岗岩山地峡谷区，青山秀水，飞瀑流泉，茂林修竹，颇具生态之美。崇阳洪下壶头峡以下称"陆水"，流经红砂岩宽谷和平原地带，一派乡村风光。

陆水水库因在陆水上建坝而成，位于赤壁市郊，水域面积为57平方公里。景区名称为"陆水湖"，总面积118平方公里，以山幽、林绿、水清、岛秀而闻名，是避暑消闲、度假疗养和水上运动的理想之地。湖中800多个岛屿星罗棋布，最大的岛有1平方多公里，最小的如一叶扁舟漂浮于水上，鸟岛、麋鹿岛、好运岛、金鱼岛等多个岛屿已进行旅游开发。

陆水湖

湖之南的雪峰山林丰竹茂，百鸟和鸣，还有擎天石柱、玄素溶洞等奇景和葛仙祠、雪峰寺等宗教胜迹。

  这里有中央电视台电视连续剧《水浒传》的外景拍摄基地之一"中华水浒城"，由聚义厅、梁山后寨、郊野一条街三大景区组成。"聚义厅"是梁山好汉操练、点将、聚会之地，厅堂内设有梁山首领塑像，正厅内两侧是梁山好汉依次排座的牌位。"郊野一条街"由大小不同、造型别致的25间房屋组成，以有限的空间浓缩和再现了北宋时期的街巷店铺风貌，"王婆茶馆""狮子楼""潘金莲宅""武大郎炊饼店""西门庆生药铺""镇关西肉铺"等景观演绎着一个个脍炙人口的水浒故事。"梁山后寨"是众头领及家眷居住之地，中央电视台《水浒传》剧组曾在此实地拍摄了梁山好汉打下祝家庄以后举行庆功晚宴，王英与扈三娘武打，矮脚虎王英招亲，晁盖、宋江、吴用商量攻打曾头市等几场重头戏。

## 王英水库（仙岛湖）

  一些河流出身"卑微"，却因为形成于其上的水库具有旅游魅力而"母以子贵"，王英河就是这样一条河流。王英水库系拦截长江右岸一级支流富水的支流三溪河上游的王英河而成，并与拦截三溪河支流蔡贤河而成的蔡贤水库相连，统称为"王英水库"。

  王英水库位于阳新县王英镇，幕阜山北麓，因湖畔山崖上悬有一块"灵通仙岛"的石碑，而取名"仙岛湖"。水库工程于1970年动工，1977年建成。仙岛湖呈"工"字形，由南北两座水库构成，水域面积为32平方公里，是一座集防

最美仙岛湖　江英摄

洪、灌溉、发电、供水于一体的水利枢纽工程，有两座主坝、5座副坝。

仙岛湖旅游区面积100多平方公里，包括水面和环湖群山。湖岸青山连绵，植被茂盛，溶洞幽深，气候清新。湖上碧波万顷，水质澄净，1000多个仙岛似大珠小珠散落玉盘之上，争奇竞秀。仙岛湖还具有浓厚的人文气息，唐代骆宾王归隐墓园胜迹尚存，明代嘉靖年间铸造的飞来钟保存完好，"灵通仙岛"石碑字迹分明。

## 浮桥河水库

浮桥河是举水的一级支流，位于麻城市西部中馆驿镇。举水是长江中游左岸的一条重要支流，流经麻城市、新洲区、团风县等，有"鄂东第一河"之称。举水流域兼有山区、丘陵、平原等多种自然地貌，两岸有各具特色的乡村风光。举水在武汉市新洲区有一处延绵数里的沙洲叫"宋渡岛"，洲滩上白色细沙颗粒纯净，是日光浴和沙滩浴的好去处。

麻城浮桥河水库景区

浮桥河水库系拦截举水支流浮桥河而形成，水域面积为30多平方公里。工程以防洪、灌溉为主，兼顾供水、发电、养殖、航运及旅游等功能。水库工程于1959年12月动工，1960年7月建成，大坝高29.7米，坝顶长260米。

浮桥河水库风景区面积104平方公里，除30多平方公里水面外，森林覆盖率达95%，库区岸线曲折连绵，山环水抱，库中岛屿众多，各具特色。最大的长山岛面积为1000多亩，分布有野生植物和珍禽异兽，日月岛、双虎岛、鲤鱼岛、浒山岛等生态环境优越，各有千秋。目前景区除开发水上和岛上观光外，还放养了鳜、鳊、鲟等多种名优鱼类，形成了观赏鱼基地。浮桥河水库湿地生态系统良好，为国家湿地公园。

### 洈水水库（洈水湖）

洈水是松滋河的支流，经松滋河汇入洞庭湖。洈水水库因拦截洈水而成，位于松滋市西南部的洈水镇，东西长14.5

公里，南北宽6公里，水域面积37平方公里。水库工程于1958年9月动工，1970年建成。大坝全长1640米，顶宽9米，坝高42.7米，为亚洲第一人工土坝。大坝呈"S"形，被誉为最美大坝。

浍水水库开发为景区后，称为"浍水湖"。该湖水域广阔，岸线曲折，58处港汊蜿蜒伸展，450多个岛屿星罗棋布，形成了水道交错的"水上迷宫"。库区林木茂盛，生态环境良好，气候冬暖夏凉，适宜休闲和度假。水库北侧的寒武系地层中，发育有大量岩溶洞穴，具有旅游、科考和探险等综合价值，新神洞、古神洞、薛家洞、响水洞、仙女洞、颜将军洞等形态各异，景象万千，集峻、怪、雄、奇、幽、旷于一体。

该景区先后开发了新神洞、桃花岛、颜将军洞地下湖、滨湖公园等十多个景点，推出了湖泊观光、溶洞探险、温泉疗养、浍河漂流、水上娱乐、垂钓、狩猎、森林"氧吧"等旅游项目。这里经常举办桃花节、垂钓、狩猎大赛、民间传

浍水风光　权柳沁摄

统灯会等活动，吸引了大量游客。

### 徐家河水库

徐家河是长江支流府河的第一大支流，位于广水市长岭镇。1958年9月拦截徐家河兴建水库，1964年8月完工。水库面积57.6平方公里，集防洪、灌溉、养殖、发电、旅游等多功能为一体。

徐家河水库植被丰富，水域辽阔，岛屿众多，生态环境良好，特别是108个岛屿像颗颗珍珠一样镶嵌在枫叶形的库面上，是生态旅游的好去处。近年来，徐家河库区加强旅游资源综合利用，在库岸上兴建了亭台楼榭，在水库中开发了系列旅游岛，初步建成了生态型旅游景区。桃花岛度假村面积为30多亩，每当春暖花开时，桃红满枝，清香扑鼻。鳄鱼岛养殖有500多条非洲尼罗鳄，还有中国扬子鳄、泰国湾鳄、美洲短尾鳄等。鸟岛位于湖心，植被繁茂，空气清新，环境幽静，食物丰富，每年有数以万计的白鹤在此栖息。

### 富水水库

富水系长江中下游右岸的较大支流，源自通山县南部的幕阜山北麓，东北流至阳新县富池口入长江，全长196公里。富水水库系拦截富水上中游河水而形成，淹漫于通山县和阳新县之间40多公里的河段上，水库边缘距通山县城10多公里。它是一座具有蓄洪、发电、灌溉、养殖、航运、旅游等多种功能的大型水库，水域面积80平方公里。水库工程建于阳新县富水镇，1958年动工，1964年建成，大坝高45米，坝顶长 941 米。

因库水淹漫，本以悠长峡谷见长的富水上中游显得更加多姿多彩，形成了一条风光优美的水上旅游线。两岸群峰秀丽，形态优美，河中有岛，岛上和两岸绿橘映碧水，使富水获得了"鄂南小漓江"的美称。通山县燕厦镇的"牛鼻孔"河段崖壁如削，其中一道高 300 多米的崖壁上，满布各种如人似物的奇妙图案，宛如一幅巨大的天然壁画，倒映在晶莹如镜的湖面。富水不仅山水风光迷人，还是湖北著名的橘乡，富水河两岸是连绵不断的绿色橘带，慈口乡还兴建了一个独具特色的渔橘风景区。

富水水库周边还有隐水洞地质公园、富水乐园等重要旅游景区。国家 4A 级旅游景区隐水洞因洞中隐藏着两条河流而得名，兼具现代地下河与古河道景观。隐水洞钟乳石质地纯净，"鲤鱼跃龙门""天降神靴""玉兔观桃""寒山寺古钟""水

隐水洞　雪雁鸣摄

生石莲""天鹅之吻""金银瀑布""仙人田""马良神笔""雪山飞狐""电闪雷鸣""八仙送客"等主要景观随物赋形,令人遐想。隐水洞游览方式多种多样,既可泛舟地下河,又可乘坐轨道车体验洞中步移景换,还可以采用步行方式零距离触摸大自然。

### 三湖连江水库

三湖连江水库位于嘉鱼县城附近,建于1959年,是通过人工将原来的白湖、梅懈湖、小湖打通,并由马鞍山进洪闸在长江汛期引江水蓄洪。其为平原型水库,具有通江、近城两大特点,筑有主坝和库中牛头山长300米的白湖大堤,堤中段建有白湖大桥,并修筑了牛头山公路,形成从县城西正街、鱼岳路、水库主坝、白湖桥、牛头山、五里牌、茶庵岭进沙阳大道共10公里的环库公路。

三湖连江水库山环水绕,风光秀丽,除三湖清水、牛头山森林公园、白云山、花草树木等自然山水外,还建成了1.2万平方米的金粉式沙滩浴场和1.8万平方米的岸上休闲景区,为市民和旅游者提供了一个湖滨休闲胜地。同时,环湖的亭台楼阁、白玉栏杆、白湖大桥、湖心娱乐岛等,又构成一道道亮丽的文化旅游风景线。

三湖连江景区积淀了丰富的历史文化意蕴。相传三国时东吴的大小二乔就出生在这里,景区内建有二乔公园,塑有二乔雕像。这里还是南宋岳飞筑城驻兵之地,景区建有岳公亭。观音阁、地藏殿、南如寺等又为景区增添了浓厚的宗教文化气息。

## 黄龙滩水库

黄龙滩水库因拦截堵河而形成。堵河为汉江最大支流,全长约330公里,西源汇湾河为正源,发源于川陕交界的大巴山区,南源官渡河发源于神农架大九湖,于竹山县两河口处汇合。堵河是一条景观型河流,南源在神农架大九湖涌喷而出后,在崇山峻岭的原始森林中奔腾而下,形成长达4公里、共108道瀑布的瀑布群,气势雄伟,令人叹为观止。竹山县洪坪段水流清澈蜿蜒,两岸多奇峰,更有溶洞遍布。竹山驴头峡是堵河风景的点睛之笔。

黄龙滩水库位于十堰市张湾区黄龙镇,距十堰市中心32公里,水域面积为32平方公里。工程于1969年动工,1973年11月建成,坝型为混凝土重力坝,全长371米,高107米。黄龙滩水库水质洁净,属天然优质饮用水,是十堰市城市居民的饮用水源。

黄龙滩水库港湾交错、沟岔纵横,山光水色,景色迷人,是一处以水力发电厂为依托,以湖面旅游为主体,集观光、休闲、科普于一体的旅游景区。景区包括水上乐园、园林园艺区和工业生产区。水上乐园以水域风光为主,可湖上荡舟,也可滨水休闲。园林园艺区里大面积种植红枫树,并穿插樱花、杨梅、女贞、桂花、茶花、含笑、紫薇等观赏树种,形成了多树种、多植物、多色彩、多层次的园林绿化体系。

## 观音岩水库(观音湖)

观音岩水库位于孝昌县小悟乡,因拦截长江支流府河水系之澴河支流晏家河而成,为河道型水库,水域面积5.71平方公里，回水长度 9.7 公里，平均水面宽 600 米。水库枢纽工程包括大坝、溢洪道、输水管。正常溢洪道为开敞式宽顶堰，非正常溢洪道为自溃坝。

观音岩水库开发为景区后，称"观音湖"，为国家 4A 级旅游景区。湖与大悟山、小悟山、四方山相依，峰奇林秀，水光潋滟。主景区有日潭石景、月潭泳场、蓬莱三岛、仙人洞府、观音普度、金龟探海、犀牛玩月、仙人摆渡、鱼跃深渊等 20 余处景点。坐船徜徉湖中，可欣赏两岸奇峰峭壁、怪石嶙峋、林木葱茏的美景，又可感受山环水绕、船到尽头、豁然开朗、别有洞天的乐趣。

观音湖迎宾大门至观音湖主景区为全长 9 公里的农家乐旅游带。这里的农家休闲庭园集菜园、果园、花卉盆景园、养殖园于一体，兼具吃、住、游、乐等功能，可让游客体验到"吃农家饭、住农家屋、干农家活、赏农家景、融农家情"的乡村风味。观音湖周边还有金盆水库、观山禅寺等自然人文景观。

## 其他景观型水库

水库作为水利旅游资源，正得到越来越多的保护性开发和利用，成为人们生态观光、水体休闲、涉水娱乐的旅游景区。

### 夏家寺水库

景区名称为"木兰湖"，位于武汉市黄陂区木兰乡境内，拦截滠水支流夏家寺河而成，1959 年 11 月开工，1965 年 11

月竣工。总面积为 40 平方公里，其中水面面积为 20 平方公里，湖岸线长 57 公里，有 132 个湖汊、23 个岛屿、13 个泉眼，其中鸟岛长年栖息着各种鸟类 10 余万只，很多为国家保护动物。木兰湖边有木兰将军庙、木兰墓，以及明代藩王博物馆和湖北明清古民居建筑博物馆。

## 道观河水库

道观河发源于团风县大崎山西南，原名"倒灌河"，后来由于当地道观较多而易名。道观河水库位于武汉市新洲区东北部，1965 年动工，1966 年建成。景区名称为"道观河旅游区"，包括道观河水库和沿岸 72 座山峰，山环水绕，风景迷人。另建有报恩禅寺、宝玉石博物馆、道观山庄、九天园等景点。

道观河风光　肖劲松摄

### 熊河水库

位于枣阳市熊集镇南 3 公里处，系拦截汉江支流唐白河的支流滚河的支流熊河而成。1953 年冬动工，1955 年春完工。坝型为均质土坝，主坝长 1373 米，两副坝共长 325 米。当地利用熊河水库丘陵和湖泊景观，并结合周边山岳溪谷森林景观，建成了熊河风景区，规划面积为 68.42 平方公里，有游客服务区和多个游览片区、度假村、生态农业庄园，目前为国家 3A 级旅游景区。

### 惠亭水库

景区名称为惠亭湖，位于京山县城西 2 公里处的惠亭山下，因拦截汉北河支流而成。汉北河发源于京山县山区，流经钟祥、天门、汉川、应城、云梦等县市，在武汉市东西湖区新沟镇注入汉江，全长 242 公里。惠亭水库 1959 年始建，1966 年建成，坝顶长 860 米。相传北宋时期王安石曾谪为京山县丞，"有惠政，土人思之，建亭于山"，惠亭山因此而得名。水利工程与水库风光相辉映，山光水色融为一体，碧水与沙滩、岛屿相依，为水利风景旅游的胜地。

### 封江水库

位于随州市曾都区封江乡境内，建于 1960 年，因拦截府河而成。府河亦称"涢水"，流经随州市曾都、广水、安陆、云梦、孝感市孝南、武汉市东西湖、黄陂等县市区，在汉口谌家矶注入长江，全长 385 公里。封江水库区域长达 27 公里，两岸山峦连绵起伏，库汊半岛相依，犹如一幅山水画廊。库区上游的狮子口怪石林立，奇峰耸天，野趣盎然。这里冬暖夏凉，气候宜人，是观光、休闲的好地方。

### 白莲河水库

位于罗田、英山、浠水三县交界处的浠水中游。浠水是长江左岸的一条较大支流，有东西两源，分别发源于安徽省岳西县的黄梅尖和湖北省英山县的云峰顶，在英山境内分别称为"东河""西河"，两源在英山县两河口汇合后称"浠水"，在浠水县兰溪镇境内注入长江，全长约150公里。水库1958年秋动工兴建，1960年10月主坝拦洪蓄水，是一个兼有防洪、灌溉、发电、航运、水产养殖功能的大型水利枢纽工程。水库周边群山连绵，树繁竹茂，库区内岛屿遍布，云水相接，为重要的山水胜景。

### 南川水库

景区名称为"金桂湖"，位于咸宁市咸安区南部，因拦截淦河而成。淦河发源于大幕山南麓，河上桥梁众多，且多古桥，是咸宁城区的重要河流，注入斧头湖。水库于1966年始建，1977年竣工，大坝长360米，宽8米。金桂湖湖水清澈，四周青山绿树环绕，是发展生态旅游的好地方。

## 第五节　峡谷传奇

湖北是一个多山、多水的省份，更是一个富产峡谷的省份。长江奔腾于"略无阙处"的"两岸连山"中，形成了雄伟壮观的长江三峡，清江穿行在连绵群山之间，形成了恩施大峡谷、清江三峡等壮美峡谷。还有更多的小河小溪蜿蜒山岳间，又蹦跳出一些奇特的峡谷甚至浓缩版三峡来，或可峡上漂流泛舟，或只谷边徒步赏景，或能谷底徜徉寄情，成为湖北旅游的一大特色。

## 十大景观峡谷

### 神农溪

神农溪是长江左岸的一条常流性溪流，发源于神农架南坡，由南向北穿行于深山峡谷中，于巫峡口东2公里处汇入长江，全长60公里，由龙昌峡、鹦鹉峡、绵竹峡三个各具特色的自然峡段组成。溪流两岸群山连绵，山峰耸峙，林木葱茏，洞瀑遍布，极具生态旅游价值。同时，古老的"豌豆角"小扁舟、神秘的悬棺栈道、回荡的纤夫号子、浓郁的土家风情又让这条峡谷呈现出难得的人文之美。神农溪纤夫文化旅游区是国家5A级旅游景区。

神农溪上游为绵竹峡，因峡两岸多绵竹而得名，河床窄而落差大，以险见长，也是神农溪仅有的可以漂流的河段。神农溪在三峡大坝蓄水前可全段漂流，目前仅剩的绵竹峡漂流弥足珍贵。长4公里峡谷上有大小险滩30多处，乘"豌豆角"扁舟漂流，惊险刺激。鹦鹉峡是三个峡中景色最秀丽的一个，两岸四季常青，泉涌瀑飞。有段峡谷四季都可看到盛开的鲜花，故名"年花滩"；有处地方泉眼涌出清、浊、混三色泉水，因名"三色泉"。神农溪最后一个峡谷是龙昌峡，两岸壁立连绵，曲折迂回长达5公里多，可比长江三峡夔门之雄，沿途还可见岩棺群和古栈道。

神农溪完好地保存着峡江地区千百年以来形成的纤夫文化。皮肤黝黑的纤夫、负重前行的身影、粗长厚实的纤绳、原始粗犷的峡江号子、搏击风浪的小舟，加上绝壁上的狭窄

神农溪纤夫　吴以红摄

栈道，共同组成一幅峡江地区独有的纤夫文化风景——准确来说，这不能称之为"风景"，因为纤夫们用生命与自然搏斗的壮举，只能钦佩而不能欣赏。随着交通条件的改善，峡江的纤夫不复存在，纤夫文化也逐渐沉淀在历史的记忆中。神农溪因为发展旅游业，有意无意间保存并传播了这种峡江纤夫文化，把人带回了曾经的那段沧桑岁月。

### 龙进溪（三峡人家）

龙进溪是长江右岸三峡大坝与葛洲坝之间的一条山间小溪，因长江左岸山崖上有一条带状石岭正对此溪，仿佛巨龙要扎进溪里一样而得名。龙进溪与周边景区共同组成了"三峡人家"这一国家 5A 级旅游景区。

龙进溪与长江的交汇处，数叶古帆船迎风而立，唤起人们美丽而沧桑的记忆。沿溪上行，一道小水坝似堵非堵地截

秀美的龙进溪

住了清幽的龙进溪水；溪水抬高处，斑驳沧桑的龙溪桥横跨其上，几只小渔船静静地泊在桥前，几张扳罾撒放于溪上。这些渔船和扳罾是峡江人民独特生产生活方式的缩影：许多三峡人祖祖辈辈生活在船上，常年以打鱼为生，在水上流动，和风浪搏击，与渔船为伴，形成了"水上人家"。在竹林掩映之中，一排吊脚楼沿溪而建，这就是"溪边人家"了。它们依山傍水，一半着陆，一半入水，在群山的环绕下，在斜阳草树和雾霭烟雨中凝固成一首诗、一幅画。吊脚楼前的大石头上，几位土家妹子用棒槌捶洗着衣服，似在演奏一曲深情的恋歌。沿着小路向溪谷深处前进，可感受"鸟鸣山更幽"的清静和闲适，仿佛来到了桃源仙境一般。有一段溪谷中，两块巨石横卧溪水中，一左一右，形成一道龙门，而龙门之前的一块岩石上恰好有形似鲤鱼的造型，就构成"鲤鱼跳龙门"的景观。再往前，溪流从整块岩石形成的河床上流过，天长日久，冲刷成了七个小水槽，被称作"七叠泉"。再往深处，青山绿水、田园阡陌、斜阳小桥、雾霭烟雨共同交织出一幅恬淡清美的乡野图。

龙进溪与三峡大坝和葛洲坝之间的西陵峡，以及周边的灯影洞、抗战纪念馆、石牌古镇、杨家溪军事漂流共同构成三峡人家风景区。这里的西陵峡段保持着原始三峡风貌，并有"三峡第一湾"明月湾、"万里长江第一石"灯影石等绝美景观。杨家溪因宋朝杨家将的后裔曾移居于此而得名，现开辟有以军事为主题的漂流项目，游人可坐军车，穿军服，唱军歌，划皮艇，仿佛水上军训。石牌抗战纪念馆是三峡地区第一个综合性抗战纪念馆，修建在当年抗战的军事遗址之上，纪念1943年5月15万中国军队围绕石牌与10万日军展开殊死拼杀、取得被有些学者誉为"中国的斯大林格勒保卫战"的辉煌胜利的那场战争。

### 九畹溪

九畹溪位于长江右岸，秭归县城以西，发源于云台荒南麓，在三峡大坝上游20公里处注入长江。全长46公里，开发为旅游景区的河段有10多公里。九畹溪以峡谷风光、喀斯特地貌为主，两岸风景秀丽，生态环境良好，为国家4A级旅游景区。

九畹溪

九畹溪景区陆路旅游线路起于下游九畹溪大桥，止于九畹溪起漂点，沿途有仙女山、情侣峰、神牛泉、将军岩、美女晒羞、剪刀崖、和尚岩等十多处自然景观，还有处于原始状态的干溪沟和鬼斧神工的问天地缝；有问天简、坛包、神鬼石、巨鱼坊、求字碑、砚窝台、笔峰石、灵芝岩等近20处与屈原文化密切相关的景观，还有极具科学研究与探秘价值的古岩棺群。九畹溪是伟大爱国诗人屈原早年开坛讲学之处，《离骚》云："余既滋兰之九畹兮，又树蕙之百亩。"现九畹溪入江口的巨鱼坊，是传说中屈原魂归故里的所在地。

九畹溪景区水路旅游线全长 13.2 公里，在三峡大坝蓄水前，以有惊无险的漂流而著称，观光休闲不为人关注。三峡大坝蓄水后，九畹溪水上旅游分成了两段。上段 6.8 公里的河段水流落差大，有 32 道急流险滩浪花飞溅，28 个水潭深不可测，开辟有惊险刺激的冲浪探险漂流项目。下段 6.4 公里的河段静水流深，适宜开展平稳舒缓的观光休闲，沿途可观赏笔峰石、望夫石、猴王寨、百宵图、仙女沐浴等美景。

### 柴埠溪

柴埠溪位于五峰土家族自治县境内，素有"幽峡百里、奇峰三千"之称。柴埠溪是一条山涧溪流，很早以前，峡谷两边的人们把砍下的木柴扎成排，并集中于一埠头，再顺着溪水一直流放到渔洋关集镇去卖，于是便有了"柴埠溪"之名。现为国家 4A 级旅游景区。

柴埠溪大峡谷景区总面积约 70 平方公里，由贯穿于整个峡谷的溪流及两岸的峰林组成。溪流全长近 30 公里，有可漂流的河段和可岸边徒步的河段。漂流河段以洞河电站为起点，以芭蕉溪为终点，依山傍路，全长 9 公里，漂完全程约需 4 个小时。漂流河段上共有 88 道弯、99 个滩，其中比较惊险的水滩有 22 处。溪流水质清澈，两岸景色优美，时而田边，时而林中，时而乱石穿空，时而水雾缭绕，特别是在漂流中段的小壶口，有 100 多米水道穿行于怪石之中，别是一番风景。徒步河段如玉带缠绕在奇峰山崖间，给人以清丽脱俗之感。

柴埠溪大峡谷分为坛子口、大湾口、蛟口、内口、断山口五大景区，上、中、下三条旅游线路。除溪流外，还有茂林、异石、奇峰、险崖、溶洞和云海等多种景观类型，兼具奇、险、秀、幽、野之特色。奇在山形，千姿百态的石柱奇峰拔起于莽莽丛林中，遍布

柴埠溪戏水　卢进摄

在连绵的柴埠溪峡谷两岸。险在绝壁，傲然挺立的石峰以峭拔雄浑的气势扑面而来，俯视谷底，清溪如玉带，吊脚楼似蜂房。秀在云雾，她从谷底冉冉升起，在奇峰绝壁上轻罩一层朦胧神秘的面纱，幻化出一幅幅蓬莱仙境。幽在山脚，但见绿枝垂溪，蝉鸣鸟唱，小桥流水，青烟几缕。野在密林，这里保存了原始神秘的自然生态，人迹罕至处正是植物的王国和动物的乐园。

## 唐崖河

唐崖河发源于利川市毛坝乡，流经咸丰县，在重庆市龚滩古镇汇入乌江。唐崖河是一条传奇的河流，因为唐崖河乃

倒流之河，为古冰川故道，曾有"岸转涪江，倒流三千八百里"之说。唐崖河咸丰段50余公里，九曲回肠，穿黄金洞，过断明峡，经清坪龙潭司，绕唐崖土司城，风光旖旎，绘就了百里画廊。上游峡谷两岸群峰耸峙，山崖壁立，飞瀑高悬，山泉喷涌，峡谷中水流湍急，怪石嶙峋。下游为高峡平湖，水面宽阔，澄澈如镜，绿树翠竹掩映中的民族村庄和土家吊脚楼为唐崖河平添许多人文情怀。

黄金洞洞峡景观是唐崖河百里画廊的自然精华之所在。该洞是一个汇山、水、洞、峡于一体的天然溶洞，分为七层洞景和洞中峡谷两部分。唐崖河从底层穿过，形成1500米地下伏流和长1000多米、均宽80米、高100多米的洞中峡谷。两岸谷壁陡峭雄伟，河中碧潭连珠，游鱼戏水。人游谷中，静赏深潭高峡，有遗世独立之感。黄金洞景区为国家4A级旅游景区。

唐崖河——黄金洞

麻柳溪乡村风光是唐崖河百里画廊的民俗经典之所在。这里过去是金峒土司的山寨,现在叫"麻柳溪村",是一个多民族聚居的村寨,共有365户人家、1200多人,以羌族、土家族、苗族最具代表性。麻柳溪村是我国羌族自治区域以外的唯一羌族部落,"依山居之、垒石为室"和"立木为架、编竹为墙"的羌式木屋,遍布山坡的茶园,以及澄碧的唐崖河水共同组成一幅独特的民俗画卷,让人耳目一新。

唐崖河土司城遗址是唐崖河百里画廊的文化精髓之所在。土司城始建于元至正六年(1346年),明天启元年(1621年)进行扩建,辟三街十巷三十六院,内有帅府、官言堂、书院、存钱库、左右营房、跑马场,花园和万兽园等,城内外还修建有桓侯庙、玄武庙等寺院。至今墙垣街道清晰可辨,并保存有石牌坊、衙院建筑柱础、石人石马、土司墓葬群等遗迹,已被列入世界文化遗产名录。

### 酉水三峡

酉水发源于宣恩县境内椿木营的火烧堡,于来凤县百福寺镇流入重庆酉阳,再于湖南沅陵注入沅水,最后流入洞庭湖。全长400多公里,湖北段180多公里,大部分河段流经来凤县,沿途经过仙佛寺(佛潭)、陡坎寺、龙嘴、鱼塘、漫水、卯洞、百福司、鸡笼滩等地,其中佛潭至龙嘴段为山间丘陵盆地,龙嘴至鱼塘段为山丘台地,鱼塘以下至鸡笼滩为峡谷。

峡谷由龙嘴峡、阿塔峡、卯洞峡构成。龙嘴峡位于绿水乡,长约5公里,山清水秀林深,峡谷溶洞遍布,主要景点有相思岛、窄口子、仙女洞,可开发酉水漂流、森林旅游、森林攀岩等体验项目。阿塔峡位于漫水乡，全长10公里，峡谷景观鬼斧神工，峡上的棉鞋岛生态环境良好，是休闲度假的乐园。卵洞峡位于百福司镇，长约4公里，包括卵洞在内的18个溶洞或岸边，或山巅，或山腰，形状各异，奇特壮观，岸边绝壁高达300多米，宽200多米，风景奇异；同时酉水从洞中穿过，形成好似卧龙吞江的奇观。

酉水两岸还有仙佛寺、比兹卡社巴寨、舍米湖摆手堂、百福司古镇等土家文化旅游景点。仙佛寺位于来凤县城东7公里的酉水河边佛潭岩上，是我国开凿年代较久远的石窟寺之一，河窟相得益彰，为国家4A级旅游景区。

### 野三河

野三河为清江支流，蜿蜒在群山间，是建始与巴东的界河，全长28公里。建始县以野三河为基础，集成景阳河（清江之一段）、黄鹤桥峰林、建始直立人遗址等周边资源，建成了将野山、野水、彩峡、奇峰、流泉、飞瀑等自然景观、优良的生态环境和古人类遗址融合在一起的国家4A级旅游景区。

野三河由野人峡、野水峡、野山峡三段峡谷构成，因而也被称为"野三峡"。野人峡是人类始祖"野人"出没之地，其上游12公里处有著名的"建始直立人"遗址。野水峡除了本身一河碧水穿流于旷野之外，两岸众多的飞瀑也呈现出一片野趣。野山峡以两岸奇峰怪石见长，这些奇峰怪石人迹罕至。野三河原生态风貌保存完好，峡谷内的琴弦瀑布、睡美人山、猕猴保护区等美景不惹尘埃，超凡脱俗。

## 链子溪

链子溪发源于建始县龙坪，由南向北，在巴东县注入长江巫峡之中。入峡口一带地形险恶，曾是历史上十万米纤夫栈道的重要关隘。古人在这里的栈道上置有一横一竖两根铁链，便于来往行人攀岩通行，链子溪因此得名。链子溪以乘古帆木船、游自然风光、观地质奇景、看地方戏剧、学船工号子、唱土家山歌为特色，是长江三峡旅游线上独具特色的原生态旅游景区。现为国家4A级旅游景区。

在链子溪入口处，矗立着一座高约20米、4米粗的巨型纤夫石，这是后人为了纪念峡江纤夫而立的。这里还有一栋被称为"神女信号台"的欧式建筑。房子不大，只有3层高，占地三四百平方米。院子里依旧悬挂着红绿两种巨幅信号牌，只不过随着时间的流逝，有些斑驳寂寥而已。进入峡中，只看见帆木船在青山绿水间穿行，只听见摇橹声、号子声在逼仄的峡谷间回荡，分明已远离城市的喧嚣，溪两岸甚至没有村舍人烟，真是"别有天地非人间"。一路上主要景点有火焰石、送子岩、链子崖、鱼目洞、龙聚会、仙人寨、铁观鞋、神水泉、大溶洞等。

## 五龙河

五龙河为汉江支流，发源于秦岭南麓鄂陕交界的天池岭，因孕育道教传说中"五龙捧圣"之五龙而得名。河流全长58公里，绝大部分流经郧西县东北部，水流湍急，水质清澈，水量稳定。目前已建成为国家4A级旅游景区的五龙河旅游区是五龙河的精华，全长 10 公里，自下游进入，由天乐谷、飞龙谷、织女谷、封神谷、忘忧谷五大峡谷组成，有"神奇峡谷""天然氧吧"的美称。

天乐谷起于天机门，止于天地玄黄石，全长 3 公里，有天书峡、梅隅、天然浴池、九天飞瀑、金龟探月、天梦湖、水云间、火棘园、三友泉等景点。飞龙谷起于天地玄黄石，止于三清潭，全长 1.5 公里，有天地玄黄石、伏牛石、金蟾戏水、水秀莲花等景点。织女谷自三清潭至聚仙阁，全长 2 公里，有织女浴池、神牛卧滩、鹊桥、芦花荡（牛郎牧场）、龙虾戏水、金蛙坐禅、聚仙桥、经文石、聚仙阁等景点。封神谷自聚仙阁至两河口，全长 1 公里，有石破天惊、麒麟崖、将军岭、将军石等景点。忘忧谷介于两河口与仙人桥之间，

秋韵五龙河　黄江平摄

全长 2.5 公里，有忘忧桥、老君洞、三叠瀑、蘑菇石、长生桥、龙须瀑、圆梦湖、仙人桥等景观。

### 五道峡

五道峡位于保康县北部，全长 7.5 公里，景区总面积 88 平方公里，因有问玉峡、悟玉峡、锁玉峡、望玉峡、得玉峡五道峡谷而得名。峡谷中有以仙人洞为代表的溶洞群 8 个，以龙宫殿为代表的山寨群 6 个，以神女瀑为代表的瀑布群 8 个，以及近 10 万亩高山森林、草场、草甸、箭竹等。著名景点有抱玉岩、得玉洞、卞和寄宿洞、龙王寨、卧龙洞、神女瀑、龙宫宝殿、仙女浴温泉、红巾军坟、仙人岩、响水瀑等 100 余处。现为国家 4A 级旅游景区。

五道峡不仅自然景观独树一帜，而且具有深厚的楚文化底蕴，甚至有"楚源地"之称。这里是早期楚文化的孕育和传承之所，楚先王熊绎首封于此，筚路蓝缕，披荆斩棘，始有后来强盛的楚国。楚人卞和曾在此探玉、寻玉、得玉，并最终上演了三献宝玉"和氏璧"的故事。后人为纪念卞和，把他拾玉的地方叫"得玉处"，把他抱璞而哭的地方叫"抱玉岩"。

## 其他山溪峡谷

长期以来，湖北各地注重开发山溪峡谷，建成了系列特色景区。关于漂流性峡谷，在《风尚湖北》一书中专门作了介绍，这里再介绍一些非漂流性的山溪峡谷。

### 鳊鱼溪

鳊鱼溪为鄂渝交接处的一条小溪沟，素有"楚蜀鸿沟"之称。巫峡以鳊鱼溪为界，西边属重庆，东边属湖北。鳊鱼溪在三峡大坝建设前窄而浅，冬天枯水时人都可以跨过。三峡大坝蓄水后，鳊鱼溪变成了一条常年性河流。溯游而上，两岸崖壁峭立，山腰草茂树密，山顶烟雨朦胧，其间飞瀑如练，让人仿佛置身人间仙境。

### 香溪

香溪又名"昭君溪"，发源于湖北省神农架骡马店，流经兴山、秭归两县，是长江三峡西陵峡段左岸入江的最大支流，全长90多公里。香溪上游宝坪村乃汉代王昭君出生地。传说有一天，昭君在溪口边洗脸，无意中把颈上项链的珍珠散落溪中，从此溪水清澈，水中含有香气，故名"香溪"。每逢桃花争艳时，香溪河中可以看到一种形似桃花、分身四瓣、晶莹透明的鱼，这就是香溪河特有的稀有鱼类——桃花鱼（桃花水母）。它与桃花一起出现，也同桃花一起消逝。桃花鱼的传说与昭君有关。传说昭君出塞前，从京都返乡探亲，泣别乡亲之时，正值桃花盛开之际，一路弹着琵琶，念及从此永别故土，不觉泪如雨下，那泪珠与水中的桃花汇聚在一起，化成了美丽的桃花鱼。香溪是连接神农架和长江三峡的重要通道，目前推出了"船进神农架"旅游线。

### 下牢溪

下牢溪发源于宜昌市夷陵区的牛坪垭，自北向南，在南

下牢溪风景

津关注入长江，全长 26.7 公里。下牢溪蜿蜒于层峦叠嶂之中，两岸奇峰竞秀，溪水清澈见底，一步一景，清幽秀美。两岸重山中，石门、石鼓、老虎岭、羊圈洞等鬼斧神工之景，引人入胜；深居峡谷之中有下牢溪天然浴场，可容千人同时使用，浴场旁有依山而建的楚家山寨、仿巴楚古式风雨桥。不远处的狮子垴森林浴场四周有各种珍贵树种和奇花异草，游人可在此享受四季美景变幻的森林浴。

### 南河小三峡

南河南源为神农架阳日湾的粉清河，北源为武当山的马拦河，两河合流于保康县珠藏洞，在谷城县境，注入汉水。1980 年在距谷城县城 23 公里处的胡家渡建起了水电大坝，将河谷改变成平湖，并形成三个自然峡段，人称"南河小三峡"。小三峡峰回路转，绵延15公里。有八仙洞、黄龙洞、青龙洞、莲花洞、黑龙洞等30多个溶洞，以及香炉石、青龙盘树、月亮湾温泉、农家博物馆等景点。

### 太极峡

太极峡位于丹江口市石鼓镇，南水北调中线源头丹江口水库之畔，原名"双龙峡"，是一条在造山运动中形成的裂谷地缝，全长10余公里。裂谷深切而狭窄，谷深120多米，宽的地方150多米，最窄的地方仅1米左右。在地质作用下，太极峡孕育出多姿多彩的奇观，最神奇之处在于：俯瞰青龙山、黄龙山"两龙之首"相互缠绕依偎的景象，俨然一幅天然的"太极图"置于万山群峰之中，让人不禁感叹造化之神奇。以峡谷为核心，整合两岸山林溶洞，面积达38平方公里的大景区目前已建成，并于2010年11月被评为国家4A级旅游

太极峡风光　胡文波摄

景区。

### 驴头峡

驴头峡为堵河风景最美的一段，位于竹山县城南 70 公里处。驴头峡口有驴头山和松树岭两山对峙，驴头山海拔 1470 米，松树岭海拔 1250 米，峡也因此而得名。峡谷全长 5 公里余，平均宽度不到 50 米，有驴头山、双鱼洞、猴跳峡、一线天、天狗望月、苍龙岭、太极图像等景点。以驴头峡风光为主体，当地开辟了堵河漂流项目，全程 20 多公里，游客可乘皮艇、木船观赏自然山水风光，感受有惊无险的漂流乐趣。

### 石门河

石门河为清江的支流，位于建始县高坪镇，是一段狭窄幽深的深山峡谷，为国家 4A 级旅游景区。景区具有典型的峡谷风光和喀斯特地貌特征，面积约 180 平方公里。石门河两岸绝壁耸峙、险峻奇特，支流擦耳河逼仄蜿蜒，一线接天；200 多个景点以秀美见长，又各具特色。河谷内外有古人类遗址、历史久远的"巴盐古道"和"施南第一佳要"石门关、孤峰独立的石柱观、民国老街石垭子、名人故居凉水埠等。

## 山间飞瀑

湖北山水相连，不仅仅表现为山环水绕，也表现为山水相接。山间飞瀑就是连接山崖和河谷的天生虹桥。

### 三峡大瀑布

三峡大瀑布位于宜昌市夷陵区黄花乡境内，以瀑布为主要特色，集峡谷、溶洞、化石为一体，为国家4A级旅游景区，2017年2月通过国家5A级旅游景区景观质量评审，进入5A创建行列。在长约5公里的峡谷中，大瀑布高102米，比黄果树大瀑布还高近30米，是我国中部地区唯一的百米高瀑，大气壮观，叹为观止。既可远观近赏，又能穿越其间，获得动魄惊心的体验。瀑布沿绝壁而下，恰巧在落地处，峭壁让出可容一人的狭窄空间，80米宽的瀑布内侧形成了一条惊险刺激的廊道。裹好雨衣，蹑足其间，飞流直下，轰然有声，水花四溅，雾气弥漫，只闻惊叫，不见人影，心怦怦然，及至出口，豁然开朗，回首仰望，开怀大笑。这种人水相融

三峡大瀑布　乌继军摄

的体验令人终生难忘。除主瀑外，虎口瀑、一线瀑、珍珠瀑、丫瀑、连环瀑、五扇瀑等瀑布也是形态各异，气象不同，或宽大舒缓，骤然跌落，或狭窄湍急，倾泻而下。三峡大瀑布景区还是国家地质公园，为展示震旦纪、奥陶纪、寒武纪等多个地质年代的天然地质博物馆。景区目前开发有神女观瀑、水帘洞、长桥超渡、佛楠叶、白果树主瀑、珍珠瀑、仙女瀑、古龙潭、仙女潭、千年鱼化石等20多个自然景观和竹筏漂流等项目。

### 九龙瀑

九龙瀑位于十堰市郧阳区大柳乡境内的群山之中，为国家4A级旅游景区。景区主体景观是由蟠龙瀑、蛟龙瀑、螭龙瀑、虬龙瀑、应龙瀑、蜃龙瀑、夔龙瀑、鼍龙瀑、敖龙瀑9条瀑布构成的瀑布群，全长600米，落差300米。这9个瀑布是

九龙瀑景区美景

一个整体，为一瀑九折，依次奔泻，且每一叠瀑布都连着一个碧潭，看上去仿佛九条飞龙排着队，一条挨一条地从天而降，咆哮于山崖河谷之间，气势雄伟，景色壮美。九瀑奔泻奇观只是该景区"三奇"之一。第二奇是地质结构特异，冰川遗迹神秘。九龙瀑是"U"形谷，瀑边潭中有众多大小冰臼，组成冰臼群奇观。第三奇是浓缩黄山胜景，而且自成一体。站在瀑边，可赏天都、香炉、罗汉诸峰环列于天际，可叹奇松怪石云海齐陈于眼底。这里还有黄山胜境坊、乾隆御道、梅林书屋等人文景观。

### 香水河瀑布群

香水河位于南漳县薛坪镇，为蛮河上游三条支流之一，是以瀑布为主体，兼有绝壁奇峰、象形山石、岩溶洞穴等自然美景和山寨寺庙遗址的旅游景区。七彩瀑、飞鹰瀑、三叠瀑、凤尾瀑、峡口瀑等数十个瀑布分布在不足 3 公里的地段上，争奇斗美，惹人注目。七彩瀑落差百余米，由五股清泉汇集而成，在晴日上午，太阳光从林间射下，瀑布上呈现赤、橙、黄、绿、青、蓝、紫七色，恰如美丽彩虹当空飞舞。该景区岩溶洞穴也是重要看点，香水洞、罗汉洞、金牛洞、狮子洞、回箭洞、楚乐洞等各具特色，且洞穴中还有喀斯特漏斗和天井等奇观。

## 第六节　千湖神韵

湖北素有"千湖之省"的美誉，湖泊众多既是湖北的地理特点，也是湖北的旅游优势。大大小小的湖泊星罗棋布，像无数颗散落的珍珠装扮了荆楚大地，也使湖北充满了万千风情。

### 湖北湖泊简介

湖北的湖泊集中分布于长江与汉江之间，因此人们称之为"江汉湖群"。湖北曾是水域辽阔的古云梦泽的一部分，后来由于长江及其主要支流汉江所挟带的泥沙在此不断淤积，使得陆地扩大，水域缩小并被分割，最终形成数以千计的湖泊。其次，因河流摆动、冲积、淹漫、改道等长期自然作用，又形成了为数不少的湖泊。再次，人类改造自然的活动也催生了一些新的湖泊，如在对迂回的长江进行裁弯取直后，就形成了众多河道形的湖泊；还有许多垸内湖也是人类经济活动的产物。

江汉湖群分布在湖北省35个县市约4万平方公里的范围内，主要为河迹洼地湖，呈浅碟形；其次是岗边湖，呈锅底形。它们的共同特点是浅而平，很容易被围垦。江汉湖群的围垦始于晋朝，后随着经济发展与人口增加，围湖垦殖的速度不断加快，范围不断扩大。过度的围湖垦殖，不仅多次酿成严重水患，也导致了水域面积的大幅缩减。2011年全国水利普查资料显示，湖北省5000亩以上湖泊仅剩下110个，面积大于0.1平方公里的湖泊也只有958个，比20世纪50年代的1106个有所减少，湖泊总面积也只有2438.6平方公里，相当于20世纪50年代的34%。

2012年10月1日《湖北省湖泊保护条例》正式实施，同年12月湖北省人民政府公布了全省第一批湖泊保护名录，包括水域面积1平方公里以上湖泊和1平方公里以下城中湖泊共308个，其中1平方公里以上湖泊231个，1平方公里以下城中湖泊77个。2013年9月，湖北省政府公布了全省第二批湖泊保护名录，包括447个湖泊，其中面积0.067～1.00平方公里以上非城中湖泊446个，城中湖泊1个。

## 十大景观型湖泊

湖北省多数湖泊景观独特，具有较好的旅游开发价值。在加强保护的前提下，湖北省加强对湖泊旅游资源的开发利用，建成了一大批湖泊型旅游景区。结合湖泊型景区的景观价值和市场反响，重点介绍以下十大景观湖泊。

### 东湖

武汉东湖生态旅游风景区位于武汉市武昌区东部，在武汉市的二环线与三环线之间，景区面积为73平方公里，其中湖面面积为33.9平方公里。东湖湖岸曲折，港汊交错，素有

"九十九湾"之说,同时,环湖34座山峰绵延起伏,1万余亩山林林木葱郁。东湖分为听涛区、磨山区、珞洪区、落雁区、吹笛区、白马区六大片区,有景观景点100多处。现为国家5A级旅游景区。

武汉东湖具有浩瀚、深邃、自然、亲和的独特魅力,以含蓄而不张扬的大美气质令人神往。一代伟人毛泽东在中华人民共和国成立后先后44次下榻东湖,长达400多天,他对东湖至深的情怀,足以说明东湖所具有的独特神韵!的确,东湖在很多方面具有独占性。

第一,东湖是全国独特的城市生态型旅游景区。东湖以城中湖为基础,构成了独具特色的山水结合型旅游区,而且湖泊森林湿地与都市风光相映成趣,自然融入城市,城市亲近自然,构成了一篇和谐的乐章。

第二,东湖集湖泊、森林、湿地生态系统于一体。东湖拥有浩渺的湖面、绵延的湖岸线、星罗棋布的岛渚、30多座山峰、19平方公里森林绿地和10平方公里国家湿地公园,

东湖风景图(由中国图库提供)

有各类树木396种，珍稀鸟类200多种。全国还少有在一个区域内具有多种生态系统的旅游景区。

第三，东湖花卉文化在全国独树一帜。东湖是"花的海洋"，十多种花卉已成规模，在全国具有较大影响。东湖梅园为江南四大梅园之首，是中国梅花研究中心所在地；东湖樱花在全国首屈一指，为世界三大赏樱胜地之一；东湖荷园是中国荷花研究中心所在地，现有荷花品种资源700种。依托各种花卉，东湖已形成特色花卉旅游节庆系列活动，影响广泛。

第四，东湖是全国最大的楚文化游览中心。浪漫飘逸的南方楚文化是中国传统文化的精髓之一，武汉东湖建有楚城、楚市、屈原纪念馆等系列楚文化景点，并常年表演楚国编钟乐舞，完整展示了博大精深的楚文化。湖畔的湖北省博物馆中展出有包括曾侯乙编钟在内的大量楚地出土文物，与楚文化旅游景点相映生辉。

第五，东湖具有多样化的旅游产品形态。东湖遵循"大气在湖、秀气在岸、文气在物"的理念，以文化、湖水、岛屿、山地、森林五大资源为支撑，以楚文化和滨水休闲为特色，不断推进旅游产品升级、服务升级、产业升级，形成了观光览胜、度假商务、科研科考、科普教育、健身休闲、国际赛事等高品质、震撼性的生态文化旅游产品体系，能让旅游者充分体验"楚韵山水、大美东湖"的无穷魅力。

第六，东湖建有全国知名的市区内5A级景区绿道。东湖绿道连接磨山、听涛、落雁、渔光、喻家湖五大景区，最终形成全长100多公里，由4条主干线、9条次干线和若干条支线组成的大东湖区域绿道体系。一期工程已建成湖中道、湖山道、磨山道、郊野道4条主题绿道，全长28.7公里，宽6米，辟有4处门户景观、8大景观节点。二期工程打造湖城道、湖泽道、湖林道、湖町道、森林道5条主题绿道，全长73公里。东湖绿道在规划开发上，充分考虑了人与自然和谐相处，不仅注重了绿道的景观化，让市民轻松体验城市慢生活，也同时设计了13条生物通道，以保护上百种野生动物。三期工程重点对一、二期进行文化、环境、配套、运营等方面的综合提升，其中13公里精品示范线路按最高标准率先实施建设。

洪湖

洪湖是湖北省最大的淡水湖，也是全国第七大淡水湖，静卧于风景优美的江汉平原，主要在洪湖市境内。洪湖东西长23.4公里，南北宽20.8公里，面积为308平方公里，东西两侧与长江相通。2008年被列入"国际重要湿地"，也是国家级自然保护区。全湖呈多边几何形，湖岸平直，湖底平坦。地势自西北向东南呈缓倾斜，形成南北高、中间低、广阔而平坦的地貌，海拔大多在23～28米之间。

洪湖是湖北"鱼米之乡"的典型代表之一。洪湖周边是江汉平原的重要组成部分，大面积种植水稻，是重要的商品粮生产基地。洪湖是中国淡水鱼类的重要产地，鱼类品种多样，共有84种，湖周围渔场、养殖场密布。湖中还有水生植物92种，其中莲子每年出口都在20万千克以上。洪湖水面辽阔，水草茂盛，鱼虾丰富，是野鸭飞雁等候鸟栖息觅食过冬的理想场所，越冬水禽共有39种，野鸭共有18种之多。

洪湖自然景观优美，四季各有特色，渔家风情别致，是湖北著名的水上旅游区。洪湖市依托烟波浩渺的百里洪湖，建成了洪湖蓝田生态旅游区，有景点10多处。观荷长廊结合洪湖水乡特点建造，每隔3米的廊匾上都绘有《洪湖赤卫队》的故事图。钓鱼岛上种植了各种花草树木，建有粉墙黛瓦的明清仿古风格建筑，开辟有垂钓旅游项目。莲花源是一个自然小岛，每年夏季，这里的荷花最先开放，格外清香。生态园以垂钓、赏荷采莲、划船捕鱼、渔家乐等水上特色旅游项目为主打。九曲观荷采莲廊全长8000米，漫步其上，有与荷花共舞之感。

洪湖具有光荣的革命传统，洪湖赤卫队的故事家喻户晓，一曲《洪湖水浪打浪》唱遍了全中国。洪湖岸边的瞿家湾曾

洪湖生态旅游风景区——雨中赏荷　洪惠芳摄

是湘鄂西革命根据地的中心区域，贺龙等老一辈无产阶级革命家曾在这里创建了洪湖革命根据地。这里至今仍完好保留有39处革命旧址遗迹，是我国重要的红色旅游经典景区。

### 梁子湖

梁子湖位于武汉市江夏区和鄂州市境内，是驰名中外的武昌鱼的母亲湖和梁子湖大闸蟹的盛产地。梁子湖东西长82公里，南北长22公里，由316个湖汊组成，湖面面积为271平方公里，流域面积为3260平方公里，常年平均水深3米。北有45公里长港与长江相通。湖区气候宜人，水体清澈，水质纯净，湿地生态良好，动植物资源丰富，是我省重要的湿地自然保护区。

位于湖心的梁子岛乃梁子湖的一颗明珠，状如菱角，面积2平方公里，岛中有奇湖，湖心又有岛。岛上气候温和，林木葱郁，无空气、水质、噪声污染，被誉为"长寿岛"，是

梁子湖　王性放摄

游客休闲、避暑、观光的好去处。岛上有建制镇梁子镇，为首批湖北旅游名镇，能为游客提供综合旅游服务。

梁子湖不仅山水秀丽，还具有深厚的人文底蕴。梁子湖的原名"娘子湖"就来自于一个优美动人的传说故事。一千多年前，这里原为高唐县，县衙前有一对大石狮。有一道士对这里的一对母子说：如果石狮嘴里流出血来，就是天崩地陷的预兆，你们要赶快逃离这里。天下本无事，歹人偏为之。一个不怀好心的屠夫知道道士说的话后，故意在石狮的舌头上涂满了血，想吓唬一下这对母子。母子俩见石狮舌头流血后，急忙分头通知乡亲们赶快离开这里。人们刚跑到山上，只见天昏地暗，飞沙走石，大雨滂沱，山崩地陷，瞬间高唐县城沉没了，变成了一个大湖。人们感这位母亲之恩，便将湖命名为"娘子湖"。梁子岛还建有纪念这对母子的雕像。

### 大九湖

大九湖位于神农架林区西北部大九湖镇，海拔 1730 多米，是湖北省唯一的亚高山湖泊群，也是湖北省首个国家级湿地公园，9 个湖泊水域面积共计 1.15 平方公里，湿地保护面积为 50.83 平方公里。

大九湖四周高山环绕，形成一道天然屏障。东西有九个大山梁，酷似九条苍龙在争饮甘醇，活灵活现。民间传说那是倒拖在湖中的九条牛尾，山头则恰似牛腿、牛屁股，当地一直流传着"四川过来九条牛，走到九湖未回头，何时识得其中味，不出天子出诸侯"的歌谣。山梁上森林密布，气势雄伟，梁间九条小溪犹如九条玉带从云雾中飘舞下来，与山

大九湖 朱洪 摄

间平原上的九个湖泊相映成趣。

大九湖国家湿地公园的湿地生态系统主要包括亚高山草甸、泥炭藓沼泽、睡菜沼泽、苔草沼泽、香蒲沼泽、紫茅沼泽以及河塘水渠等湿地类型,在中国湿地中具有典型性、代表性、稀有性和特殊性。湿地公园共分布有高等植物141科366属964种(含变种及栽培种),苔藓植物13科18种,其中国家重点保护植物5种,国家珍贵树种3种。

大九湖具有深厚的历史人文气息,流传着"薛刚反唐"的故事。唐中宗李显被母后武则天贬为房州庐陵王,但他一直想着重登帝位。一日,他在梦中得神农老祖点化,特命薛刚为帅,在大九湖屯兵、练兵,希望推翻武周王朝,恢复唐王朝。大九湖因之承袭下来1~9个字号及帅字号、卸甲套、马鞍山、黑水河、九灯河、碉堡坪等十几个村落,至今还保留着娘娘坟、点将台、小营盘、擂鼓台、鸾英寨、八王寨、古盐道等历史遗迹。

## 遗爱湖

遗爱湖位于黄冈市新港大道以西、赤壁大道以南、黄州大道和东坡大道以东，由东湖、西湖、菱角湖组成，包括水面及岸边陆地在内的遗爱湖风景区面积为6.5平方公里，其中湖域面积3.16平方公里，是一个集生态保护、休闲娱乐、文化传承于一体的苏东坡文化主题公园。现为国家4A级旅游景区。

遗爱湖由遗爱清风、临皋春晓、东坡问稼、一蓑烟雨、琴岛望月、红梅傲雪、幽兰芳径、江柳摇村、大洲竹影、水韵荷香、霜叶松风、平湖归雁12个景区组成。遗爱清风是遗爱湖公园的主景区，遗爱亭建于此，是公园的最高点。登高远望感觉微风拂面，心旷神怡。著名景点有音乐喷泉、浮雕、水幕电影、遗爱亭、苏东坡纪念馆、苏东坡像、人造沙滩、亲水平台等。临皋春晓是湖边的一处高地，现建成市民文化

遗爱湖 周振祥摄

广场，这里三面环水，亭台楼榭，树影婆娑。东坡问稼是湖边坡地，区内建有茶园、海棠园、百草园、五谷园、果蔬园等多种植物园，再现当年苏东坡躬耕东坡、以苦为乐的情景以及《东坡八首》的意境。其他各个景点也都有深厚的东坡文化意蕴和深邃的自然山水意境。

北宋元丰三年（1080年）二月，苏轼因"乌台诗案"贬谪黄州团练副使。时任黄州太守徐君猷一向仰慕苏轼才华，对苏轼极为敬重。闲暇之时，二人经常相约于安国寺，漫步于三湖之间，雅兴一来，就在竹间亭里饮酒赋诗，说古论今。3年后，徐君猷将调往他地任职，安国寺和尚怀念太守，请求苏东坡为他们经常聚坐的小亭取个名字，并题额留念。东坡觉得太守为官清廉，有益乡土，人去而泽存，便给亭取名"遗爱"，并作《遗爱亭记》。如今遗爱湖已成为纪念苏东坡的重要场所，遗爱清风景区内的苏东坡纪念馆于2010年10月26日开馆，分序厅、跌宕生涯、黄州岁月、凤仪百代四部分。主体建筑468平方米，其中展出面积为685平方米。

**天鹅湖**

天鹅湖是我省最年轻的湖泊之一，自1972年7月从长江河道变身湖泊以来，不过45年。湖还是保持河流的形状，长20公里，宽1200米，水面面积为14.8平方公里。虽是湖北湖泊大家庭中的新来者（其旧名"长江天鹅洲故道"仍然经常使用），天鹅湖身价却不菲，以两大国家级自然保护区而著称，有"麋鹿"和"白鳍豚/江豚"两张金字名片。前面在述及长江时，已专门写到了天鹅洲故道，这里就不赘述了。

## 月湖

月湖位于武汉市汉阳区,北枕汉江,南临琴台路,东起鹦鹉大道,西至梅子山,水面面积0.71平方公里。以湖面为依托,这里建起了面积为2平方多公里的月湖主题公园。公园由5个不同品位、不同功能的片区组成,北岸为文化艺术中心区,南岸有露天舞台广场和以编钟等古乐器为主题的音乐森林区,东侧为反映知音文化的小月湖半岛,西南边梅子山下为莲花湿地区。

月湖公园是独具知音文化内涵的旅游区。在改造过程中,充分体现了对知音文化的挖掘和展示。在内部景物、绿化、建筑布局上,尽量压缩、减少建设物,腾出了空间。石壁、流水与廊桥完美组合的园林布局再现了高山流水情景,知音壁记录着亲情、友情和爱情,新知音桥成为人们牵手留影的场所,知音碑林和琴台之声主题广场突出了"高山流水"的

月湖雪景

韵律，极富音乐美和流动感。

月湖南岸有中国著名的音乐文化古迹古琴台。相传春秋时期楚国琴师俞伯牙在此鼓琴抒怀，山上樵夫钟子期识其音律，知其志在高山流水，伯牙便视子期为知己。后伯牙再次路过此地时，得知子期病故，悲痛之下，他破琴绝弦，终身不复鼓琴。后人感其情谊深厚，在此筑台以纪念。古琴台建筑群占地约1万平方米，除殿堂主建筑外，还有庭院、林园、花坛、茶室等。殿堂前有琴台，为汉白玉筑成的方形石台，相传为伯牙抚琴之处。

## 赤龙湖

赤龙湖原名"赤东湖"，位于蕲春县蕲州镇、赤东镇、八里湖办事处境内，面积39平方公里，湖岸曲折，有288个半岛，南部有水道与长江相通。赤龙湖及其周边的地貌类型属长江冲积平原湖滩地貌，集丘陵、湖泊、湿地等自然景观于一体，拥有丰富的野生动植物资源、湖泊资源和湿地资源，具有很高的生态旅游开发价值。

在开发湖泊型生态旅游景区的同时，蕲春县正引资建设集健康养生、休闲度假、运动疗养、影视文化、健康论坛于一体的赤龙湖国际健康旅游度假区，包括华中影视基地、野战影视城、拓展基地、水上运动中心、垂钓中心等。华中影视基地占地1650亩，现已建成荆王府、蕲州李府、北京李府、蕲州城门、蕲州码头、李氏医馆、明代戏园、明代客栈、湖边寒舍、明代集市、商铺、观音小庙、蒙古包、明代府衙、阳明书院等建筑，已有《大明医圣李时珍》《洪湖赤卫队》《黄梅戏宗师传奇》《大汉口》等电视连续剧和电影在此拍摄。

赤龙湖具有深厚的历史人文底蕴。明正统十年（1445年），明英宗将赤龙湖赐予荆王府，时称"朱家湖"，后来逐渐有了"王府家湖"的美誉。一代医圣李时珍从小在赤东湖畔生活、成长，并在此著述中国古代药学百科全书《本草纲目》。

莫愁湖

莫愁湖位于钟祥市郊，面积2.02平方公里。这里生态环境优美，湖中水质清澈，两侧青山倒映，湖岸林木茂盛，其间农舍掩映，是乡村旅游、生态旅游的好去处。湖岸边种植桃树，桃花盛开时节，更加引人入胜；湖中有鸳鸯、白鹭、野鸭、鸬鹚等数十种水鸟，人与自然和谐共生。

莫愁湖之名与莫愁女联系在一起。"石城湖上美人居，桃花片片涌莫愁。"钟祥又名"石城"，是楚国歌舞艺术家莫愁女的故乡。莫愁女姓卢，名莫愁，貌若芙蓉，身如柳枝，唱起歌来如行云流水，跳起舞来如嫦娥奔月。在屈原、宋玉的指导下，她完成了高雅名曲《阳春》《白雪》的入歌传唱。娉娉袅袅的莫愁美女穿越历史的天空，依然倒映在如今的这汪

莫愁湖

湖水之中。

莫愁湖中有阳春白雪岛、下里巴人岛、野战岛。阳春白雪岛上依战国时楚宫建筑情形，开发了阳春台、阳春亭、白雪楼、兰台宫、万花阵等景点，"阳春台"相传为莫愁女习舞之所，与"白雪楼"并称为"郢中双璧"。兰台宫是楚王游园避暑之地，万花阵是楚王与嫔妃们游戏的场所。下里巴人岛集中展现了战国时期楚国劳动人民的生活方式，是当时社会风貌的一个缩影。野战岛根据岛屿的地形地貌，设有巷战区、攻坚战区和丛林战区三个不同场景，为游客开展体验旅游提供了便利。

### 龙感湖

龙感湖位于我省黄梅县与安徽省宿松县交界处，水域面积为60.9平方公里。龙感湖以多样的湿地类型、独特的气候特

水天一色龙感湖　蔡春江摄

征和优良的水环境见长,有水生维管束植物和湿生植物118种,分别形成挺水植物带、浮水植物带、浮叶植物带和沉水植物带。不同水生植物共生,形成了不同的群丛,主要有蕨群丛、菰群丛、莲群丛、菱群丛、芡群丛和藻群丛等13个群丛,其中藻群丛分布面积极大,形成了"水下森林"的奇观。

龙感湖野生动物资源丰富,有"鸟类天堂"和"鱼类乐园"之称。仅鸟类就有黑鹳、东方白鹳、白头鹤、白鹤和大鸨5种被列入国家一级保护动物名录,黄嘴白鹭、鸳鸯、大天鹅、小天鹅和灰鹤等25种被列为国家二级保护动物。龙感湖是我国最重要的候鸟越冬地之一,更是全国最大的黑鹳越冬地,同时龙感湖白头鹤种群还是我国迄今为止发现的濒危水鸟中数量最大的种群。

龙感湖具有深厚的历史文化底蕴,古书中所说的"雷池"就在现今龙感湖一带。"不越雷池一步"是今天人们常常引用的一句成语,典出东晋丞相庾亮《报温峤书》。晋咸和二年(327年),历阳太守苏峻谋反,东晋都城建康(今南京)被围,驻守寻阳的平南将军温峤准备率大军驰援,庾亮回书劝阻说:"吾忧西陲,过于历阳,足下无过雷池一步也。"

## 湖泊众生相

除十大景观性湖泊外,湖北还有很多湖泊生态良好,景色迷人,为湖北进一步发展湖泊观光、休闲、度假旅游创造了良好条件。城市湖泊和原野湖泊各具特色,分别装扮了荆楚大地的都市与乡村。

城市之眼

湖北很多城市都有城中湖，前面介绍的东湖、月湖、遗爱湖、莫愁湖等就是重要的城市内湖泊。这里再介绍一些城中湖。

（1）墨水湖。位于归元寺以西、龙阳大道以东、汉阳大道以南、墨水湖南路以北，面积为3.64平方公里。墨水湖湖岸平缓，绿树成荫，碧波鱼跃，小岛鹤飞，一派野趣横生、生机盎然的秀美景色。这里建有全国八大动物园之一的武汉动物园，是一座将风景、动物、植物和游乐融为一体的综合性半自然式动物园。全园三面环湖，水陆面积为48.3公顷，有鸟馆、中型猛兽馆、鹿苑、狮虎山等十多处动物展区，还有儿童游乐园、水上乐园、风景园等科教、游乐场所。

（2）沙湖。位于武汉市内环线内，东邻中北路，南至小龟山，西抵武昌至大冶的铁路线，北达徐东路，水域面积为3.08平方公里。这里建有武汉市最大的城中湖公园——沙湖公园，分为历史人文区、市民休闲区、人文艺术区、生态湿地区和运动森林区。取江南园林之手法，开发形成了"沙湖十景"，即琴堤水月、雁桥秋影、寒溪渔梦、东山残碣、九峰晨钟、泉亭松韵、兰岭香风、石壁龙湫、沙湖放棹和鸥岛浴波。

（3）磁湖。位于黄石市中心城区以西，跨黄石港区、西塞山区、下陆区，水域面积为10.5平方公里。磁湖为青山所环抱，湖岸线曲折，并被团城山分隔成上下两湖，就像人的两片肺叶，因而被称为"黄石之肺"。磁湖虽居闹市却生态良好，环境优美，空气清新，为湖北首个因水环境治理获得中国人居环境奖的湖泊。磁湖也是一个具有历史底蕴的湖泊,鲢鱼墩上的苏公石就是苏轼、苏辙兄弟畅游磁湖时的系舟之地。

（4）江津湖。位于荆州市沙市区崇文街,面积0.42平方公里,是一处园林式的城市公园。沙市原称"江津",即长江之津渡;江津湖原是便河,与荆州护城河水系相通,具有运输功能,后因历史变迁,与荆州护城河水系分离,出落成湖。湖岸杨柳婆娑,绿草茵茵,古色古香的建筑掩映在丛林之中。湖上水光粼粼,莲叶田田,小岛卧波,更有凉亭、拱桥、画舫相依偎。

（5）洋澜湖。位于鄂州市鄂城区新庙镇、凤凰街、西山街、古楼街,水域面积为3.73平方公里。古称"南浦",原为三国时吴王御花园的一部分。当地利用湖周岗丘拥翠的自然特点,采用传统集锦式与划分景区相结合的手法,使整个景区

洋澜湖一角　曾敏摄

大中有小，小中见大，景中有景，园中有园。景区遍植四时花木，培植幽林小径，配置历史人物雕塑，开发有"南浦春深""湖山新雨""鹤年故居""月满中天""凤台烟树"等30多个景点。

**原野繁星**

在荆楚大地特别是江汉平原的沃野上，无数个湖泊星罗棋布，洪湖、梁子湖是其中的典型代表。这里再介绍一些乡村湖。

（1）涨渡湖。位于武汉市新洲区，因"涨水为渡，落水为湖"而得名，水域面积为35.8平方公里。这里生态环境优良，是鸟类和其他动物的乐园，其中红嘴鸥种群全国罕见、全省第一。一到冬天，近10万只红嘴鸥，铺满整个湖面，编就出巨幅红色锦缎，奇美而壮观。涨渡湖也是块红色革命的热土，在此建立的鄂东抗日根据地曾经威名一时。

（2）西凉湖。为嘉鱼县、咸安区、赤壁市三个县市共有，呈一个巨大的人字形，水域面积为85.2平方公里，有水路可通长江。西凉湖湖面宽阔，湖汊众多，野生莲藕、芡实、蒿笋、菱角、莼菜及各种水草生长繁茂，鱼、鳝、龟、鳖、蟹、虾等淡水鱼类丰富，也是野鸭、白鹭等水鸟的乐园。西凉湖充满乡村野趣，是待开发的生态旅游和乡村旅游地。

（3）斧头湖。位于咸宁市咸安区、嘉鱼与武汉市江夏区交界处，水域面积为126平方公里，为水产养殖和种植基地。相传南宋农民起义军首领杨幺曾将一把大金斧扎进湖中，斧落之处神奇地长出了一座山。山、湖均因此而得名。斧头湖水系发达，桥梁众多，因而号称"百桥之湖"。古桥与现代桥梁并存，且造型多样，仅拱桥就有石拱桥、钢架拱桥、扁壳拱桥、双曲拱桥等多种类型。

（4）黄盖湖。位于湖北省赤壁市与湖南省临湘市交界处，水域面积为32平方公里。原名"太平湖"，三国时东吴名将黄盖曾在此操练水军，因而得名"黄盖湖"，目前仍有苦肉嘴、黄盖嘴、观军台、司鼓台、点将台、黄盖府、黄盖庙、黄盖墓等古迹。黄盖湖生态良好，呈现一派沙鸥翔集、锦鳞游泳、堤柳吐芳、稻莲飘香的景象。

（5）长湖。地跨荆州、荆门、潜江三市，面积为131平方公里。长湖地处江汉平原，生态环境良好，水乡风光迷人，有潘家台、王家台、月台和柳岗牧笛、长湖远帆、渔歌早唱、仙桥夜月、夕阳返照、书亭坠雨、凤山晓钟、白羽破金"三台八景"。长湖具有丰富的楚文化资源，湖周边分布有数以百计的楚墓，1978年和2000年分别在长湖滩头上发掘了天星观一号墓、二号墓。

## 品味湖北之景

### 外滩之秋

李培刚

仙桃市之东南，有一片神奇的土地。

沙湖湿地，省级自然保护区，俗称外滩，由无边无际的芦苇、河渠湖泊、草甸子组成。若是晴日，太阳起于外滩东边的草尖尖上，落于西边的水边边上。穹庐似的天，就笼罩在这片湿地之上。

好大一个滩！

外滩的秋天由挺拔的芦苇、飞舞的芦花组成，由缓流的溪水、静泊的小船组成，由候鸟牛羊、瘦水肥鱼、斜阳芦笛组成，由汉子们的高语与女人们的浅笑组成。

从高处俯瞰，外滩的秋是白晃晃的芦穗犹如皑皑的雪，是绿茵茵的青泛草犹如一块硕大无朋的绿毯，是莽莽苍苍的水渠鱼塘犹如一片汪洋。

从远方眺望，外滩的秋是静止的。芦苇写意着秋天。草甸子则如春天一般，是洒泼的绿，是浓密的绿，是生机勃勃延绵不断的绿。而大片大片的水域，则如白银般铺向天边。

从近处欣赏，外滩的秋是天上盘旋着的白头鹞、白腹鹞、白尾鹞，是地上的大白鹭、苍鹭弯着长长的脖子一步一伸颈的滑稽，是数以千计的白琵鹭懒洋洋地站在浅滩上发呆，一动不动；是上万只鹬、鸻结集飞舞，呼啸而来，又呼啸而去，遮天蔽日；是芦苇荡东倒西歪的醉态，是起网时红鲤白鲢跳出水面时的惊恐；是几头蛮牛居然钻进了水里，使人想起已逝的盛夏……

其实，外滩之秋是深藏在芦苇荡里的。

小鸟在清唱，蟋蟀在低吟，不知名的鸟们偶尔来一声高叹。凶猛的野猪也许就在密林深处忙碌，短尾巴兔子总是小心翼翼地行动着，锦蛇、虎斑游蛇、蝮蛇在漫不经心地游移，褐翅鸦鹃、棕头鸦雀的叫声突然而尖锐，沙锥的起飞突兀又猛烈。稍有动静，十只八只的野鸡拍翅而起，艰难地上升，几乎是贴着芦苇尖逃窜，样子笨极了，有点像一架架灰色的大肚子直升机。

秋风裹着芦荡的寂寥，裹着藤蔓的心思，裹着阴天的雾霭、晴天的暖阳，裹着远方的炊烟。芦苇将心绪升到顶端，结成芦穗，成一把把竖琴，再由秋风放飞洁白的希望，奏响重重心曲。

而沙湖外滩的农民、牧民、渔民，就世世代代陪伴着这片广袤的芦荡！"放壕"是外滩秋季的盛典。

每年一至两次的洪水浸漫，使外滩成为一个巨大的湖泊，近二百个种类的浮游动、植物，加上精明的外滩人乘机在深水处投饵，加上鱼们的贪食、喜深天性，使此时的外滩成为鱼类的天堂。沙湖湿地共有鱼79种，占全省鱼类种数的二分之一。外滩的野生刁子鱼个大、体长、刺少、肉嫩，是鱼中上品。有一种毛乎鱼，外形似刀，玻璃般透明，尾部由宽变窄，毛茸茸的，只有两寸来长。油炸了来吃，落口就没。等你醒过神来回味，那个感觉呀，满口生香，通体舒爽！

洪水退缩，外滩的潭、塘、沟、渠已是鱼的天下。等到东荆河的水继续回落，与外滩之水形成二三米的落差，"放濠"大戏就可以上演了。与其说是捕鱼，不如说是收获鱼。与其说是劳作，不如说是表演。像美国的NBA球赛，"放濠"已具有职业性、观赏性。"放濠"的舞台是一个闸口，渔具是巨大的拦网及网箱和运输鱼的大船。闸口一开，水流声，鱼闹声，人们的欢呼声，响彻整个外滩。湿地的又一个节日来到了！

鱼是成群结队游入、跃入网中的。承包人雇请的亲朋好友、邻里乡亲各司其职。第一道工序是分拣。黑乎乎的是黑鱼，大脑袋的是胖头，大嘴巴是鳜鱼，小脑袋是鳊鱼，中不溜秋的是鲫鱼，还有红尾鱼、鲢鱼、黄骨鱼……名贵的、稀有的淡水鱼种，这里应有尽有。然后是过磅装船，然后是起航运输，然后是数钱，然后是喝酒，然后是家家扶得醉人归……

这样的日子会持续一月有余。这时的外滩处处流淌的是金银财宝，是欢声笑语，是对生活的满足，是对未来的憧憬。

看外滩"放濠"，是会上瘾的。今年秋天结束时，你又会想到明年的秋天，明年的外滩。

而草甸子的秋天，似乎难觅踪迹。这里全然没有秋天颓唐衰败的迹象，也没有秋天成熟收割的场景。

草甸子只宜长草与放牧。每年春夏之交的洪水必定光顾，草甸子一片泽国。隆冬萌动，初春萌芽生长的青泛草在还不浓密还不强大的时候被水淹没。然而，青泛草是不会绝迹的。

大水一退,在春风在夏阳的沐浴照耀下,它们立刻欢呼雀跃,铺地毯般地把整个甸子染绿,让这片过洪的土地很快恢复生机,恢复生命。

　　草甸子的秋天,实际上是草的春天。蓝天白云下,黑色、棕色的牛群和洁白的羊群点缀在绿色海洋里,颇有一些北方大草原的韵味。

　　水乡仙桃的秋天之美,集大成于外滩,集胜形于外滩,集灵秀于外滩,集神韵于外滩!

　　你这江南的外滩啊,没有大山的峥嵘,因而更显平和;没有丘陵的起伏,因而更显平坦;没有河海的浩荡,因而更显平静;没有峡谷的幽深,因而更显平安!

　　像一块藏于深山的璞玉,待人发现;像一位藏于深闺的美少女,待字闺中。终有一天,这片神奇的土地会受到游人的偏爱,开发商的青睐,世人的瞩目!

原载《湖北日报》2008 年 12 月 12 日

# 第二章 山光

Dierzhang Shanguang

湖北的山，就像一本奇书，永远读不完、看不够。

武当山、神农架、大别山、武陵山……融泰山之雄、纳华山之险、蕴黄山之奇、涵峨眉之秀的湖北之山，总有一种魅力让你心驰神往。

engguangHubei
Shanguang

风光湖北

　　湖北的山是多彩的，让你养眼。不论你何时来，或峰峦染翠，或樱花披雪，或杜鹃透红，或黄叶铺金，都会让你目不暇接、大饱眼福。

　　湖北的山是灵动的，让你养性。大山所孕育发祥的宗教文化，造就了"东禅西道"在此兴盛传播。在仙乐缥缈中，会让你超凡脱俗、慧门大开。

　　湖北的山是神圣的，让你养神。它扼守长江，地控中原，众多神山自古为军事要塞，是古今战略要地，写满了历史的沧桑。

　　湖北的山也是静谧的，让你养心。这里涤尽喧嚣，芳菲沁透，尽情享受大自然带给你的一份清新、一份宁静，让你陶然如醉，神魂飞扬。

湖北境内的每一座山都向世人讲述着一个个动人心弦的故事,在这样的山间行走或攀援,山的品性会潜移默化地影响着你,使你具有山的品格,胸怀万千世界,你不会被凡尘束缚,不会为琐事沉溺,无喜无悲,旷达长寿。

## 第一节 万山来朝，大话武当

山不在高，有仙则名。有"六岳之首、天下第一"之称的武当山，是我国驰名的道教圣地，居于道教名山之首，1994年《世界文化遗产名录》将武当山古建筑群纳入名录当中。武当山是国家5A级旅游景区、国家重点风景名胜区、国家地质公园、国家森林公园，是湖北省"一江两山"（长江三峡、武当山、神农架）旅游品牌的三大核心景区之一。

### 概说武当

武当山因"一山一神一帝"著称于世。太和山大岳之尊，真武神功成飞天，永乐帝昭答神贶，让武当山地位显赫、名扬天下。

天下第一武当山，七十二峰朝大顶。地处鄂西北山区十堰市境内的武当山，又名"太和山"，北魏郦道元《水经注》就有相关记载："武当山，一曰太和山。"武当山因"非真武不足当之"而得名，被奉为"中国道教第一名山"。自然景观秀丽神奇、古建筑群雄伟壮观、道教文化源远流长、武当武术博大精深，这些因素共同构造了一个自然、道教与历史人文和谐相处的圣地，有"亘古无双胜境，天下第一仙山"

之美名。武当山北通秦岭，南接巴山，左拥蜿蜒千山的汉江，右瞰奔腾万里的长江，其风水独特，蕴含帝王之气。武当仙山，神奇灵动，山色秀丽，山势多变，山峦叠起，绵延不绝。这里你可以领略拔地而起的七十二峰、陡峭惊险的三十六岩、水流湍急的二十四涧、仙云缭绕的十一洞、玄妙奇特的十石九台。主峰天柱峰海拔1612米，傲然屹立在众山之上，好像精心制造的宝柱直指苍穹，人们称其"一柱擎天"。周围重峦叠嶂的群山拱卫着主峰，造就了"七十二峰朝大顶，二十四涧水长流"的奇特自然景观。金童峰、玉女峰，惟妙惟肖，婀娜玉立；大笔峰、中笔峰，如铺展云笺，豪气大挥；天马峰飞鬣扬鬃，一往无前；狮子峰摇身舞爪，嬉戏云间。它们有的似青莲花开，流香荡翠；有的如旌旗招展，呼风博雨；有的像奔狮跃虎，雄姿英发；有的恰龙腾凤舞，天马行空；有的若少女初成，美似珠玉……或动或静、或跪或拜，千奇百怪，美不胜收。武当山常年紫气氤氲，风云莫测，万千变幻，"陆海奔潮""天柱晓晴""月敲山门""雷火炼殿""神师出汉""海马吐雾"等不同时节的不同景致，将武当仙山神秘空灵的特点展露无遗。

武当日出　王伟民摄

大岳武当，道教圣地。从古代开始，武当山就已经成为道家崇尚的理想清修道场，规模庞大的道教建筑布满全山。武当山道教建筑修筑的历史最早可以追溯到大唐贞观年间（627—649），宋元时期有了进一步的扩大和发展，至明朝最为繁荣。整个建筑顺应自然地势变化，前后呼应，高低错落有致，布局精巧奇妙。有的宫观倚靠高山险峰之巅，有的则藏在悬崖绝壁背后，还有的隐没在大山密林深处，实现了宫观建筑和自然环境天然完美的结合，大有"仙山琼阁"之境界。"山不封不名。"武当山早在汉魏六朝时已成为隐修学道者荟萃的道教名山，历代帝王对它奉若神明。唐代末年杜光庭在《洞天福地岳渎名山记》中，将武当山尊称为"第九福地"。武当山上道教自唐贞观年间以来开始呈现日益繁盛的态势，这一时期修建了许多道观。到了北宋，《太上说真武本传妙经》记载，真武原来是静乐国太子，后于武当山清心修道，42年后得道飞升。所以宋元时期武当山开始大量修建宫观来供奉真武神祇，宋元帝王也曾多次为真武神赐上尊号，并派遣大臣前来进行斋醮法事，"告天祝寿"，武当山因此声名远播。元朝末年战乱频繁，武当山上的古建筑也多半遭到损毁，直至明代重新修缮。明代大修武当山的是明成祖朱棣。明成祖经"靖难之役"夺得帝位，为显示政权的合法性，宣扬此役为真武显灵，助其成就大业。为报真武显灵的恩德，即位以后，明成祖赐武当"岳"的尊号，"盖谓昭答神贶，上以报荐祖宗在天之灵，下为天下苍生祈迓福祉"。他还派亲信大臣大规模兴修真武宫观。当时就有"北建故宫，南建武当"之说。耗资数亿万钱粮，历时长达14年之久，终于建成了绵延近7

万米的武当山古建筑群,才有了"五里一庵十里宫,丹墙翠瓦望玲珑,楼台隐映金银气,林岫回环画境中"(明代诗人洪翼圣《武当山道中杂咏》)的壮丽景象。永乐十五年(1417年)二月,官府文书昭告天下:"武当山古名太和山,又名大岳,今名大岳太和山。"武当山被正式敕封为"大岳",帝位尊于五岳以上,明代于是出现了"六岳"一说。明嘉靖皇帝又敕封武当山为"治世玄岳",至此,武当山的政治地位已达到顶峰。明代著名的旅行家徐弘祖在《徐霞客游记·游嵩山日记》中写道:"余髫年蓄五岳志,而玄岳出五岳之上,慕尤切。"由此观之,明代武当山"镇雄五岳而祀超百代"的影响力可以说是天下皆知了。武当山古建筑群遍布方圆八百余里,是世界上保存最完整、规模最大、等级最高的道教古建筑群。据初步统计有572处,其中现存较好的有129处,殿宇1182间,建筑面积为43332平方米,遗址187处。1994年,武当

武当武术

山古建筑群入选《世界文化遗产名录》。[关于武当山古建筑遗迹，详见本丛书之《风云湖北》(胜迹篇)。]

武当武术，博大精深。一代宗师张三丰创立了武当派，其影响与嵩山少林派相当。武当武术和道教渊源极深，道士在清修悟道时，也将习武作为其中一个部分，通过习武达到养身练功、防身保健的目的。武当武术以柔克刚，后发制人，自成一派，被称为"内家拳法"。它以太极、形意、八卦见长，是中华武术一大名宗，素有"北崇少林，南尊武当"之称。内家拳在一代代习武者的传承之下，自成体系，而太极拳更是发展成为一项广泛的武术和运动形式，流派众多，如陈式、杨式、孙式、吴式，而张三丰也被尊为武当武术的开山祖师。

天下武当，人间仙境。武当仙山将自然景观和人文景观融为一体。这里地处华中腹地，四季景色变换。春则群山葱郁，山花烂漫；夏则风雷激荡，云霞紫绕；金秋则流光洋溢，色彩纷繁；冬则皑皑白雪，晶莹皎洁。明代文学家王世贞曾盛赞武当山："山之胜，既以甲天下。"联合国教科文组织专家考斯拉称："武当山是世界上最美的地方之一。因为这里融汇了古代的智慧、历史的建筑和自然的美学。"世界建筑师学会副主席杨廷保也高度赞扬武当山古建筑为"人世上的天堂，驾于五岳之上"。

## 狮子山与太子坡

太子坡又名"复真观"，因为《真武经》里面记载了真武太子修真的故事而修建。太子坡背依狮子山，右临天池瀑布，左接十八盘栈道，从远处看好像芙蕖撑于水面，走近方知是一华丽城池。雨时飞瀑千丈，晴时郁郁葱葱。十八盘如彩带飘于"神道"，红墙如月阑绕于天宫楼阁，呈现一幅海市蜃楼般的幻景。太子坡在修建时，避开陡险的岩石，充分依据岩石下狭窄的坡地，纵横序列布局，红墙环绕，复道曲折，使建筑与环境紧密结合，是武当山目前保存最为完整的道观。

复真观门楣之上有砖雕匾额，上面刻有"太子坡"三个大字，题字的人正是永乐帝的驸马都尉沐昕。太子坡有四大著名景观：一是"九曲黄河墙"。太子坡依托自然地势的高低变化，修建了夹墙复道，弯弯曲曲，形状似一排排波浪，所以墙被称为"九曲黄河墙"。二是"一里四道门"。从进门到出门，门中有门，曲径通幽，更添几分神秘空灵。三是"一柱十二梁"。五云楼结构十分巧妙，上有 12 根木梁相互叠搭，下仅有 1 根主柱承重，但是楼体稳定坚固，500 多年的时间过去了，保存依旧完好。四是"十里桂花香"。太子坡有棵 300 多年的桂花树，每年中秋，桂花盛开，十里飘香。

太子殿是太子坡的重要景点，建筑与主殿形制大致相同，也是复真观当中位置最高的地方。作为武当山上祈福求学的唯一地点，太子殿下种植有一株百年枣树，正对应着皇经堂中的百年桂花树，预示着"金冠折桂、早（枣）登榜首"的祝愿。转到太子殿后面，便是巨大幽深的沟壑了，壑中有弯弯曲曲的小河。站在此处极目远望，有群峰连绵不绝，有金顶熠熠生辉，仿佛浮于云海，给人以"鸟向日边度，人从天上回"的观感。

## 展旗峰与紫霄宫

紫霄宫为武当山最完整保存下来的宫殿之一。"紫霄"与天宫中的紫微星座相对应,位在正中,仿佛人间帝君。在古代,占星师常常将紫微星视作"帝星",有命宫主星紫微者为帝王之相的说法。"紫霄宫"意为天地中央的紫坛,其在诸多宫殿中的重要性可见一斑。紫霄宫后面便是展旗峰,因为山峰形似飘摇的旌旗,故而得名。而紫霄宫前,则有三公、五老、蜡烛、宝珠、香炉、落帽诸峰,右有雷神洞,左则为蓬莱峰。山势自后向左右两侧合围,天然形似"二龙戏珠"宝椅状,符合中国传统风水观念中"风水宝地"的标准;又好像一位道人打坐修炼,泰然自若,稳镇其中,被誉为"紫霄福地""云外清都"。

紫霄福地　李彦良摄

紫霄宫于宋宣和年间（1119—1125）开始修建，至元朝重建，名曰"紫霄元圣宫"，到明永乐十年（1412年）增建，赐名"太玄紫霄宫"，至嘉靖三十一年（1552年），紫霄宫更是扩建到800余间。中华人民共和国成立以来，人们曾对紫霄宫进行了几次修缮，才恢复了宫观本来的面貌。整体建筑采取欲扬先抑、先疏后密、首尾相顾、遥相呼应的手法建成。透过中轴线仰视，层层崇台之上殿堂楼阁依山叠砌，中轴线两边建筑对称布局，高低错落，丹墙碧瓦，金碧辉煌，透出皇家崇道的气派。早在唐代，紫霄宫就是"七十二福地"之一。现为全国重点文物保护单位，也是武当山道教协会所在地。

## 天柱峰与太和宫

武当山有七十二峰，其中天柱峰为最高峰，在天柱峰顶端则有道教圣地太和宫。太和宫为明朝永乐十四年（1416年）敕建，包括殿堂道舍等各类建筑多达510间，永乐皇帝亲赐匾额"大岳太和宫"。为了能够充分发挥天柱峰高耸霄汉之势，

仙境天柱峰　陆国庆摄

太和宫　李彦良摄

宫殿整体采用皇家建筑法式,精心设计建筑的序列和布局,来展示神权、皇权的至高无上。多年前,人们在一次航拍时意外发现,那满山的碧绿仿佛波浪起伏的大海,那椭圆形宫墙又勾勒出巨龟的轮廓,由宫墙、金殿和天柱峰组成的立体造型,宛若一只正在朝着深海游走的神龟。

　　太和宫由正殿、朝拜殿、钟鼓楼、铜殿、紫金城、"一柱擎天"石刻和金殿等组成。正殿匾额曰"大岳太和宫",大殿内部供奉着真武大帝铜铸像,还供奉着四大元帅、水火二将、金童玉女等。殿前是朝拜殿,左右是钟鼓楼,其中钟楼内还留存着明代永乐十四年铸造的一口铜钟。殿前有座岩峰,因为其状似宝莲而被称为"小莲峰",峰上有题字曰"一柱擎天",此外还有李宗仁留下的"整军经武"碑以及国民党第五战区副司令李品仙诗题:"为寻胜迹武当游,步步崎岖云不休。四面烟峦归眼底,疏疏林叶万山秋。"岩顶崇台上坐落着一座铜殿，此殿原本于元代大德十一年（1307年）铸造在天柱峰顶，到明代永乐十四年被转运到这里，所以又被称为"转运殿"或者"转展殿"。

太和宫金殿，又被称为"金顶"，因为其建于武当山天柱峰的峰顶，海拔1612米。金殿是永乐皇帝下圣旨在北京用30万斤精钢、1000两黄金铸造成2000多构件，通过插榫、焊接成整体，从古运河入长江进汉江，运至此山安装而成。金殿在外观上与北京故宫太和殿十分相近。武当山被朱棣称为"太和山"，金殿又被叫作"大岳太和宫"，寄托着君王享天下太平的愿望。北京故宫的金銮殿下有一"奉天殿"，即遵奉上天旨意之意。武当山大岳太和宫与北京奉天殿同为一体，体现了朱棣坐镇江山、霸业稳固的意图，满足了明代"君权神授"的政治需要，也与道教信奉的"天人合一"的思想境界相契合。

天气晴好之时，从金殿俯瞰全山，武当的自然山光一览无余，群峰起伏犹如大海波涛奔涌，在瞬间静止，众峰拱拥、八方朝拜的景观渲染着神权和皇权的绝对威严。远眺群峰环峙，苍翠如屏，丹江水库水波不兴，一碧千里；俯瞰太和、南岩、五龙诸宫，错落有致，令人赏心悦目。昼赏日出，夜观云海，给人以天宫画境的感觉。站在金顶，饱览武当云海、天造玄武、飞蚁来朝、金殿倒影、雷火炼殿、怒海奔潮、空中悬松、雀不漫顶、海马吐雾等奇观，耳间萦绕空灵的武当道乐，朦胧飘渺之间，总会有一种无形的震撼摄人心魄，崇敬虔诚之心油然而生。闭目静思，杂念全无，你顿觉飘入云间，仿若神仙。

## 南岩与南岩宫

南岩,又有"紫霄岩"之称,其所以叫"南岩"是由于它的朝向为南。当地有一俗语说:"南岩的景紫霄的杉,人到武当不想家。"这里山岭陡峭,林木繁茂青葱,高处直接天际,俯瞰则可见谷底溪流,有"气吞泰华银河近,势压岷峨玉垒高"的意境。南岩既为"武当三十六岩"中出类拔萃之所,又为武当山中险、奇、幽并存的一处胜景,一步一景,多重变幻。

南岩宫从元代即开始不断营建,元仁宗赐额"大天乙真庆万寿宫";明永乐十一年(1413年)扩重建,赐额"大圣南岩宫";至嘉靖三十一年(1552年),南岩宫已经扩建到460间。南岩宫地处独阳岩之下,其岩体状如垂天之翼,以峰峦秀美而著名。整个建筑充分利用原有的南岩山头、垭脖、峭壁、岩洞等自然地形条件,修建了众多宫殿、亭台等,这

南岩晨曦 罗铭摄

些都巧妙地融入周边的自然环境中。至今天乙真庆宫石殿、两仪殿、皇经堂、八封亭、龙虎殿、大碑亭和南天门等建筑景观还完整留存着。

唐宋以来就有道人在南岩宫修炼。元代在此修建道观，到明永乐十一年已营建殿宇640余间，但是在清朝末年毁坏严重。如今我们可以看到的只有元代的石殿，明代的南天门、碑亭、两仪殿，还有元君殿、南薰殿、圆光殿等建筑遗迹。出南天门以后便是小天门，再经过碑亭就来到了崇福岩，也就是人们常说的"脚蹬老虎岩"。极目远望可见圆光殿与南薰殿，近观则为十八道棋坪、太上观、五师殿、方丈室、斋堂等遗迹。龙虎殿是南岩著名的一景。出龙虎殿即是大院落，院中有一口六角饰石栏的水井。这口水井叫作"甘露井"，之所以得名，是因为井中的水质清甜，好似天降甘露，此井水也是武当山上最好的水之一。

南岩有一处开凿的岩洞，名曰"雷神洞"。洞内高深幽爽，建有庙宇，供奉雷神邓天君像，是武当山唯一一处供奉雷神的地方。洞中有"灵池"，泉水四季不干，冬暖夏凉，甘甜爽口。每当雷雨来临，洞中隆隆作响，犹如雷鸣一般。有历史资料显示，雷神洞最早在元代元统年间开始修凿，武当著名道人张守清曾经在此地修炼清徽雷法，进行祈雨活动。明永乐皇帝驸马都尉沐昕在《雷洞发春》中写道："岩肩寂寂草芊芊，谁识中藏造化权。百里震声初出地，三阳气象已无边。芝生石室连云秀，椰发琼枝带雨鲜。海内生灵沾德泽，欣然鼓舞颂尧年。"

## 老营南山与玉虚宫

　　玉虚宫是武当山建筑群中最大的宫殿之一,位于老营的南山山麓地带,坐落在一块近5平方公里的山间盆地上,与玄岳门西相离大约4公里,宫前有襄渝铁路横贯而过。道教所说的玉虚为玉帝所在,因将真武视作"玉虚师相",宫观便有了这个名称。

　　武当山在明朝永乐年间大修,大修时以此地作为大本营,因此有了"老营宫"的说法。终明之世,老营宫一直有军队在此驻防,到嘉靖三十一年进行了重修。原为五进三路院落,有龙虎殿、启圣殿、元君殿、小观殿及一系列堂、祠、庙、坛等2200余间。前后崇台迭砌,规制谨严,左右大小院落叠置,亭台楼阁相接,又有玉带河迂回环绕。四周朱墙高耸,环卫玄宫。这里的规制之壮阔,极类北京太和门太和殿,玉虚宫的规模与气派由此可见一二。到清乾隆十年(1745年),这里的建筑遭到了重大破坏,只剩下残存的宫门、宫墙。宫墙壮如月阑绕仙阙,宫门为精雕琼花须弥石座,券拱三孔,两翼八字墙镶嵌琉璃琼花图案。宫门前则有装饰台阶,色彩斑斓,华丽精美。进入宫门以内,整个院落占地40余亩,地面墁以青石,给人素雅之感;过玉带河,入二宫门,从平地而起的层层高台托起龙虎殿、朝拜殿、正殿、父母殿等宫殿遗址;宫墙以东为东宫,也被称为"东道院",有砖室、浴堂、神厨、龙井等遗址;宫墙以西为西宫,内现存历史遗址有望仙台、水帘洞、御花园、无染殿等。除此之外,宫门内外还有巍然对峙的四座碑亭。

根据永乐十六年（1418年）的碑文记载，永乐皇帝用道教经典阐述了"真武大帝"与武当山之间的相互关系，宣称明太祖及自己之所以得天下，归因于有真武大帝的暗中庇佑，因此在武当山建造宫观，表彰神功，昭答神贶。嘉靖三十二年（1553年）的碑文，主要赞颂永乐帝大建武当山的伟大成就，其中写道："二百年来，民安国阜，媲属隆三王，虽或一二气数不齐，边疆小惊，旋而殄灭。至如庚戌，内生大奸，旋用褫殛。"如此太平大治之世乃是真武庇佑的功劳，于是耗费巨额财政大修武当，就有了"北建故宫，南修武当"的说法。修建武当山规模之大、耗费之多，使得明代文学家王世贞忍不住感叹，"玉虚仿佛秦阿房"。

## 第二节 华中之巅，神农探秘

鄂西山区，华中腹地，有一片纵横 3200 平方公里的原始森林，它就是神秘、神奇的神农架。这里千峰峭立、万壑幽深，洪荒原野、林海苍茫，被誉为"华中屋脊"。这里也是世界自然遗产、世界地质公园、世界物种基因库、国家 5A 级旅游景区。

### 概说神农架

地处鄂西北山区的神农架，四周分别与荆襄、三峡、巴蜀、武当相接壤。传说上古时期华夏人文初祖之一的炎帝神农氏曾经在这一片大地上架木成梯，遍尝百草，救治疾病，授民稼穑之巧，"神农架"因此得名。1970 年，经国务院批准，神农架在行政区划上直接由湖北省统一管辖，它也是中国仅有的一个用"林区"进行命名的行政区划。

华中屋脊，原始洪荒。神农架地处我国地势三级阶梯的第二阶梯的东部边缘，由大巴山脉的余脉往东延伸，于是造就了中高山地貌，区内重峦叠嶂、重重密林，一片原始洪荒景象。神农架平均海拔在 1700 米左右，山峰绝大多数的高度高于 1500 米，而海拔高度超过 3000 米的山峰共计 6 座，超过 2500 米的山峰近 20 座，最高峰神农顶海拔高度 3106.2 米，它既是湖北省最高峰,又为华中第一高峰,所以神农架有"华中屋脊"之称。神农架具有偏凉喜雨的气候特点,"山脚盛夏山顶春,山麓艳秋山顶冰,赤橙黄绿看不够,春夏秋冬最难分"就是对神农架这一气候最真实的写照,这里为华中地区避暑胜地之最。

  世界遗产,生物宝库。神农架是长江与汉水在湖北境内的分界线,区域内孕育着香溪河、神农溪、南河、堵河四大水系,也为南水北调中线工程涵养着水源,为三峡库区构筑了最大的天然屏障。因为地理环境和气候具有独特性与复杂性,神农架也是我国南北物种的过渡地带以及各类物种繁衍生长的交叉地带,境内的植物多达 3700 种,而这其中受国家重点保护的就有 40 多种;境内动物种类 1000 多种,70 种为国家重点保护对象。北自漠河,南至西双版纳,东自日本东部,西至喜马拉雅,这一范围内分布的所有动植物类型,神

神农架

农架几乎都有。神农架不仅是我国内陆保护最为完整的绿洲和世界中纬度地区唯一的绿色宝地，而且是所有原始森林中距离长江最近的一片。神农架林区平均森林覆盖率达88%，保护区内高达96%，是当今世界中纬度地区唯一保持完好的亚热带森林生态系统，有"地球之肺"的美誉。这里动植物区系古老、特有、珍稀，品种丰富多彩。冷杉苍劲挺拔，岩柏凌空盘虬，梭罗神秘葱郁，珙桐婀娜多姿；金丝猴灵巧华贵，苏门羚奇异古怪，大鲵憨态可掬，白熊高雅富态，飞禽翔于林间，走兽出没草丛，使神农架享有"天然动植物园""生物避难所""物种基因库""自然博物馆"等众多美誉。神农架也是一座名副其实的生态要塞、支撑华中福地生生不息的天然水塔、储纳森林碳汇的巨大宝藏，拥有亚热带地区不可多得的高山湿地生态系统，被称为"地球之肾"。1990年，神农架被联合国教科文组织"人与生物圈计划"正式列为"国际人与生物圈保护网"的成员。2013年，又被联合国教科文组织列入"世界地质公园"网络成员。到2016年7月，第40届联合国教科文组织世界遗产委员会会议正式把神农架列入世界自然遗产名录。

世界奇景，观光胜地。这里有瑰丽的岩体，浓密的森林；有绵延千里的山群，青翠苍劲；有峡谷奇洞，造化神奇；有陡崖瀑布，汩汩水流；有高山湖泊，明亮如镜……置身其中，如同走进了纷繁美丽的书画长卷中。神农架有着多重重要身份，它以"世界自然遗产""国际人与生物圈保护网成员单位""亚洲生物多样性永久性示范基地""世界地质公园"的身份享誉世界，以"国家级自然保护区""国家森林公园""国家地质公园""国家湿地公园"闻名国内外,它为世人留下了"神农文化""野人文化""生态文化""民俗文化""汉唐文化"五大文化,同时也为大家留下了"神农传说""野人行踪""原始森林""白化动物""金丝猴部落""地质大断裂"这些谜团有待探秘与揭晓。原生态且靓丽的自然环境、神奇且又流传悠久的传说、朴实无华且又神秘的民风民俗,构成了我国内地的高山原始生态文化圈,是湖北省"一江两山"核心旅游品牌。傲立华中的神农顶,万仞摩天的风景垭,叠瀑飞泻的香溪源,绚丽多彩的大九湖,鬼斧神工的板壁岩,庄严肃静的神农坛……茫茫林海,处处绝妙。这些自然景观中又融入了神农尝百草的千古传说、似是而非的"野人"之谜、神话史诗《黑暗传》、气势磅礴的原始梆鼓等,为神农架增添了许多神秘色彩。2012 年,神农架生态旅游区被授予国家 5A 级旅游景区。

神秘神奇的神农架是色彩斑斓、风光如画的世外桃源,是镶嵌于华中大地的奇妙绿色王国,让你流连忘返。

## 野人之谜

神农架的神秘神奇还在于这里相传存在着一种一直萦绕在人们脑海中的传奇动物——"野人"。

神农架真的有"野人"吗?神农架"野人之谜"曾和外星人 UFO 之谜、百慕大三角区之谜、尼斯湖水怪之谜一起,被认为是世界四大未解之谜。"野人"这种似猿似人、非熊非猴的动物,被描述为"身高达丈,脚长近尺,直立行走,两臂摇摆，全身红毛"。从20世纪开始，不断有传闻说有人在神农架亲眼目击了"野人"。到了20世纪七八十年代，科学家先后多次来这里做实地考察，发现了一些来源不明的毛发、脚印、粪便和睡窝等痕迹。部分科学家据此判断，以前在这里的确存在一种介于猿与人之间的大型灵长类动物。

"野人"之说不是空穴来风。关于"野人"的记载，最早可追溯到战国时期成书的《山海经》。《山海经·中次九经》记载，熊山（今神农架一带）有"赣巨人"或称为"枭阳"的动物，其身长丈许，毛发被身，健走、善笑。战国时期，楚国著名爱国诗人屈原有《楚辞·九歌》，其中《山鬼》一篇就有关于"野人"形象的描写："似人非人，立于梁上，身披薜荔藤，带系松萝蔓，多疑善笑，羞羞答答。"李时珍的《本草纲目》对"野人"也有所记述："其面似人，红赤色，毛似猕猴，有尾，能人言，如鸟声，睡则倚物。"

到了晋朝，在湖北房县（今神农架林区大部分地区原属房县管辖）可见与"野人"相关的记载，《尔雅翼》云："猩猩如妇人，披发、袒足、无膝、群行，遇人则手掩其形，谓之'野人'。"清代同治九年（1870年）撰修的《郧阳府志·房县》中记载："房山在城南四十里，高险幽远，四面石洞如房，多毛人，修丈余，遍体生毛……"这里的毛人即指"野人"。1977年考古工作者在房县高碑大队发掘西汉古墓时，出土了一块作为随葬品的摇钱树九子铜灯，灯上即饰有"野人"图案。

近现代，也还有多起目击"野人"的记载。在鄂西一直流传着"野人"笑后吃人的故事。当地传说，"野人"一旦抓到活人，就紧紧抱住人的双臂，并高兴得笑昏过去，等到"野人"醒来就要吃人。所以村民进山时都要携带一副中空的竹筒，一旦遭遇"野人"，便立刻套竹筒于双臂上，等它嘴唇上翻遮住眼睛大笑时，山民迅疾抽出双臂，快速逃离。

据百姓描述，"野人"在神农架地区活动极为频繁，根据已经搜集到的资料，神农架目击"野人"的记录已达114次，大约有360人先后看到138个"野人"活动形象。

关于"野人"的科考从未停歇。1976年，中国科学院与湖北相关部门就组织过历史上第一支"野人"科学考察队对神农架进行考察，发现了大量"野人"脚印，收集到数千根"野人"毛发。考察最终结果是："野人"是神农架山区客观存在的一种奇异动物，虽然已经初步了解到这种动物的活动地带和其活动规律，但要深入的了解还需要进行一系列的科学考察。

扑朔迷离的"野人之谜"让神农架因此而进入更多人的视线，有关"野人"的谜团对这些慕名前来的游客来说将会是一个永恒的话题。但有一点是值得肯定的，神农架方圆3200公里，还有许多人迹罕至的地方充满着各种神奇。随着生态环境的改善，已经销声匿迹的"野人"还有可能会神奇再现吗，值得海内外游客和科学家们期待。

### 金丝猴

来到神农架，你未必能遇上"野人"，但你可以与最漂亮、最珍贵的国宝金丝猴来一次近距离的完美邂逅。

金丝猴是中国特有的珍贵灵长类动物，是国家一级保护动物，也是世界上最漂亮和最珍贵的动物之一。神农架金丝猴性属于川金丝猴，也是目前我国发现分布在最东端的金丝猴，在我国所有的金丝猴种群中，神农架金丝猴种群数量最少，遗传多样性最低，保护价值最高。

金丝猴因为长着一个与众不同的"朝天鼻"，所以也被叫作"仰鼻猴"。它的毛发长而呈金黄色，晶莹剔透，细亮如丝，在日光照射下闪闪发亮，犹如披着一顶风雅华贵的金色斗篷。

神山精灵金丝猴　姜勇摄

川金丝猴是典型的森林树栖动物，在海拔1600～3200米的原始森林和次生林中活动。川金丝猴分布于四川、甘肃、陕西和湖北四省范围内，数量约2.5万只。神农架林区是川金丝猴在湖北省的主要分布地区，这里气候偏凉，降水丰富，多高大山岩，平均海拔超过1700米，属于非常适合川金丝猴群体栖息生长的环境类型。调查发现，神农架目前生活着近1200只川金丝猴。

神农架金丝猴比较集中分布在大小龙潭、金猴岭、千家坪、小神农架等地。大龙潭海拔2300米，是神农架金丝猴自然栖息地之一。这里在2005年4月建立了大龙潭金丝猴保护研究基地，2007年1月成立了湖北省金丝猴保护研究中心，以便长期监测金丝猴的动向，摸清其种群的变化趋势，最终为保护金丝猴提供科学依据。在大龙潭金丝猴保护基地，你可以零距离接触金丝猴。

金猴岭占地面积约 5 平方公里，平均海拔 2500 米左右，这里森林广阔繁茂，溪流充沛清澈，草木山果充足，是金丝猴理想的生活环境和活动地区。而对于游客来说，这里处处是飞溅的瀑布，负氧离子含量极高，又可与可爱美丽的金丝猴来一次近距离接触，更是一个天然的"氧吧"。

毗邻神农架南端的巴东小神农架一带保存有完好的原始森林，是金丝猴种群主要活动栖息地，2016 年国务院正式批复建立巴东金丝猴国家级自然保护区。根据中国林科院和自然保护区的考察和监测结果，保护区内金丝猴的数量稳定在 800 只以上。

金丝猴是一种成员内部有明显等级的群栖动物。小集群是金丝猴生活的基本活动单元，这个单元由 1 只身强体壮的成年雄猴担任首领，履行"家长"的职责，此外单元内还包括 3～5 只雌猴以及不满 3 岁的幼仔，实行"一夫多妻"。许许多多的家族小集体居住在一起，成了一个大猴群。

正是因为有了神农架这世界最清新的空气，最清澈的水源，最明亮的阳光，最丰富的生态，才滋养了世上最美的动物——金丝猴。

## 神农顶

海拔 3106.2 米的神农顶是湖北最高峰，也是华中第一峰。神农顶横空出世，傲立华中，既是神农架自然保护区的核心区，也是神农架国家5A级旅游景区的核心景观。神农顶为金字塔形山峰，是著名旅游景点神农溪和香溪河的源头，是南水北调中线工程重要水源地——汉水的支流南河、堵河的发源地。

神农顶生态环境保存较为完好，尤其是森林资源得到了很好的保护，具有较好的生物多样性，是人与自然和谐共存的自然生态旅游景区。景区内是一望无际的原始森林，片片草甸绵延千里，竹林高耸挺拔，石林嶙峋怪异，松柏杉木力争上游，各类野花竞相媲美，更有众多珍禽野兽在此繁衍生息，给这一方天地披上浓厚的神秘面纱。

神农顶峥嵘磅礴，破天遏云，顶端终年雾霭茫茫，岩石裸露，石林耸天。这里不见树林，唯有苔藓和蕨类植物铺在地上；不见鸟儿昆虫，唯有阵阵风鸣和变幻无常的云雾。峰顶或漫天飞雪，或滂沱暴雨，或沉沉云雾，织就一块厚厚的面纱，终年萦绕头顶，使人难识其真面目。唯在夏秋之季，天晴之日，云雾散开，微风阵阵徐来，青草婆娑，轻轻摆动，忽俯忽仰，朦朦胧胧，波澜起伏，歌态轻柔，舞姿妙曼，层层碧浪卷向天边。立身于峰顶，俯视四野，万千景象尽收眼底，感受天地唯我、山高人为峰的壮观景象。

高海拔的垂直地带性作用造就了神农顶一时一地一景的特色。在山腰形成了三个界限分明的植物分布层：最底层为茂密的箭竹林带。箭竹一排排生长，将山岩崖壁层层包围，如同阵列整齐的士兵。中层是墨绿苍劲的冷杉林带。冷杉高峻挺拔，流青滴翠，即使天寒地冻的冬季，依旧昂然独立。上层是艳丽多姿的高山杜鹃林带。一丛丛、一株株杜鹃夹杂

神农顶石林　姜勇摄

在连绵的草甸之间，依偎在挺拔的冷杉林之中，每到春夏之交的五月左右，漫山遍野的高山杜鹃，从神农顶铺天盖地、排山倒海地倾泻下来，在坡上、在草甸、在崖间找好自己的位置，风姿优雅，亭亭玉立，迎风怒放，鲜妍明媚，让洪荒的原野一片生机勃勃。倘若在杜鹃树下流连驻足，定会情趣萌生，忍不住凑近花枝，鼻翼翕动，轻嗅几次，丝丝幽香，沁人肺腑。"世上皆醉我独醒，万木皆绿我独艳"，神农架高山杜鹃便会带你走入这样的境界。

## 天燕旅游区

　　国家森林公园天燕垭地处神农架西北部，总面积为55平方公里，平均海拔2200米，因"北有燕子垭，南有天门垭"

而得此名。燕子垭海拔高达 2200 米，是过去修建 209 国道时人工贯通的一个鏨口。鏨口上方架设了一座"彩虹桥"，此钢桥高出路面 58 米，是一个绝佳的观景平台。放眼望去，整个燕子垭的风景一览无余，黄龙堰、天门垭、太平垭、紫竹河远近都能看到。"彩虹桥"左通燕子洞，右连会仙台。关于"会仙台"还有一个传说，据说过去炎帝神农氏和太上老君曾经来此品山玩水、对弈畅谈。

海拔 2328 米的天门垭是 209 国道华中干线公路的制高点。因为这里总是云霞缭绕，攀登上去好像跨进了天门一般，所以此处称"天门垭"。相传，炎帝神农氏"架木为坛，跨鹤升天"即是在这里。雨后初晴，浓浓的雾气从天门垭下方的紫竹河谷攀升而上，将天门垭的深谷装点成波澜壮阔的云海。

天燕　杜辉宇摄

## 神农坛

神农坛景区位于神农架木鱼镇往南行六公里处的小当阳村，于1997年正式建成，是神农架最早建成，也是唯一一处兼具人文与自然景观的景点，景区由古老植物园、千年杉王、神农祭坛三部分组成。

古老植物园保护了一大批数量稀少、濒临灭绝的植物，包括国家一级保护植物珙桐，二级保护植物连香、香果、银杏等，总数达27种。千年杉树高36米，胸径2.047米，胸围7.5米，材积88立方米，庇荫面积120平方米，至少六人才可合抱。神农祭坛是炎黄子孙用来缅怀先祖、祭祀神农、祈求神灵赐福的地方。祭坛分为天坛和地坛，天坛坐落于二象群山之上，其主体建筑是神农巨型牛首人身雕像，像高21米，宽35米，相加为56米，寓意中华56个民族的大团结。雕像高

神农祭坛　姜勇摄

高耸立在绵绵群山中，以大地为躯干，微微闭起双目，仿佛在冥想和思索，洞察天地之玄妙变化。祭祀区内地上有圆形和方形图案，分别对应天地，代表地的方形图案饰以五色石，与五行的金、木、水、火、土一一对应。祭坛的左右两边分别为两根图腾柱，柱上饰有大小牛首以示华夏民族子孙后代繁衍、生生不息。再往前为两幅大型浮雕，向人们讲述着神农氏施惠于民的一生。两幅浮雕之间设有九鼎八簋（古时人们用以煮盛的物品，后演变成为最高等级的祭祀礼器）和钟鼓楼以供祭拜使用。

祭坛两侧墙壁上是八组神农氏的功德画，即"降牛以耕、焦尾五弦、积麻衣葛、陶石木具、原始农耕、日中为市、穿井灌溉、原始医药"。八组壁画通过艺术的表现形式，集中体现着神农氏对于远古先民的贡献和对后世子孙的深远影响。人们也将神农氏的一生总结为八大发明创造：一是培育粟谷。中国是世界上最早种植粟的国家。《管子·轻重》有"神农氏作，树五谷淇山之阳，九州之民乃知谷食而天下化之"的记载。《淮南子·修务训》则写道：神农"始教民播种五谷"。二是制作耒耜。生产力的发展往往首先表现为生产工具改进，炎帝发明了耒耜，推进了原始农业生产力的进步。炎帝制作耒耜的说法见于《逸周书·尝麦》篇中的"耒耜铜耨以垦草莽"，以及《周易·系辞》篇中的"斫木为耜，揉木为耒，耒耨之利，以教天下"。三是创制陶器。陶器作为汲水、炊煮的重要工具，相传也是炎帝发明和制作的。《周书》有云，"神农耕而作陶"，《路史·外记》则记有"埏埴以为器"。四是发明医药。历史典籍中与炎帝发明医药相关的传说非常多。《淮南子·修务训》里说:"古者民茹草钦水,采树木之实,食蠃龙之肉,时多疾病毒伤之害。于是神农尝百草之滋味,水泉之甘苦,令民知所避就。当此之时,一日而遇七十毒。"《帝王本纪》里提到神农"尝味草木,宣药疗疾,救夭伤人命。百姓日用而不知,著《本草》四卷"。五是相土建居。原始农耕文明发展到一定阶段后,人们逐渐改变原有的迁徙式生活,转为定居,原始聚落随之出现。聚落为先民提供了遮风挡雨的地方,免去了东奔西走之苦。《淮南子·修务训》记载神农"相去停居,令人知怕避趋",可见在古人的记忆中,神农氏为人们开启定居生活做出了巨大贡献。六是集市贸易。相传集市贸易的出现也始于炎帝。《周易·系辞下》云:炎帝"日中为市,致天下之民,聚天下之货,交易而退,各得其所"。七是发蜉五弦。东汉醒谭《新论》记为"上观法于天,下取法于地,于是始削桐为琴,练丝为弦"。《世本·下篇》甚至详细描述出了"神农琴"的形制音调,"神农琴长三尺六寸六分,上分五弦,曰宫、商、角、徵、羽",至周文王时,又将炎帝发明的五弦琴增加了"少宫""少商"二弦。八是蜡祭傩舞。蜡祭和傩舞是古代两个重要的祭祀形式。《三皇补》说,"炎帝神农氏以其初为田事,故为蜡祭,以报天地"。古代还流传着一首《蜡祭歌》:"土返其宅,水归其壑,昆虫勿作,草木归其泽。"寄托了百姓希望风调雨顺、五谷丰登的美好心愿。

## 天生桥

天生桥是一处由瀑布、山泉、潭水构成的景观,飞架于黄岩河上。黄岩河由老君山的乌龟峡河和发源于皇界山的黑水河汇合而成。桥高17米,潭水深10米,洞上方宽4米,下方宽5米,河水穿洞而过,天生桥横贯东西,因非人工开凿,故名"天生桥"。

天生桥东北有一座海拔1920米的高山"伊家坡",山腰有一个溶洞,500米深的山洞里面可以容纳1000多人。洞中冬暖夏凉,最冷的时候还会出现冰冻现象。

天生桥　雷振梁摄

因为洞内与四时温度刚好相反,所以人们称之为"冷热洞"。清嘉庆年间发生了白莲教起义,当时教军一度占领了神农架,清廷命令地方政府"设寨建堡,坚壁清野",于是地方士绅率团练乡勇进洞结寨防守,至今洞内床位、灶台依稀可辨。

## 神农架滑雪场

神农架因其海拔高、雪期长、雪质优的特点,成为中国南方规模最大、功能最全的滑雪胜地。目前,已拥有神农架国际滑雪场、天燕滑雪场、中和国际滑雪场、龙降坪国际滑雪场四大滑雪场，单日总接待量可达 2 万人。

神农架国际滑雪场位于酒壶坪，是专门针对南方市民设计和建设的滑雪场，特殊的纬度、温度、湿度、海拔高度等条件使这里的雪质接近欧洲阿尔卑斯山的雪质，被誉为"最适宜的南国滑雪胜地"。雪场拥有初、中、高 8 条不同类型的雪道，规模较其他雪场最大、最全。

神农架天燕滑雪场位于神农架天燕景区内，这里是游客选择天燕景区观雪和滑雪的好去处。滑雪场总面积约 10000 平方米，开辟有练习场 1 处、初级道 1 条、中级道 2 条，雪道总长 800 多米。另有燕子垭至水沟的天燕越野滑雪道 1 条。

神农架中和国际滑雪场位于酒壶坪游客集散中心，雪场雪质优良、景色优美、气候温和。滑雪场占地面积为 6 万平方米，拥有华中地区最长的滑雪道 5 条，儿童专用滑雪道 1 条，可满足各种滑雪爱好者进行滑雪运动。

神农架龙降坪国际滑雪场位于龙降坪国际旅游度假区最上端。天气晴朗时，由于晚上有漫天群星和皎洁的明月银河，因此引入星空概念，开放滑雪道 2 条，是神农架唯一开设夜间场的滑雪场。

## 大九湖

大九湖是华中地区仅有的一片亚热带亚高山湿地，有着丰富多样的环境和生态系统，是国家级湿地公园。大九湖占地面积 3 万多亩，海拔 1700 米，南北长约 15 公里，东西宽约3公里,地区中部是一抹17平方公里的平川,低地周围便是一重又一重的山群,在"抬头只见山,地无三尺平"的神农架群山之中,这样的山间平地十分难得,因而大九湖还被人们叫作湖北的"呼伦贝尔""神农江南"。

环绕大九湖的众多山峰中,最高峰海拔2800米。群山中东西向有九道大山梁,山上树木茂盛,遮天蔽日。山梁与山梁间有潺潺溪水流下,最后汇聚在中间的平原上分别形成了九个清澈透亮的湖泊,大九湖由此而得名。

大九湖自然风光旖旎,素有"高山盆地"和"天然草场"之称。周围群山逶迤蜿蜒,向中间平川聚拢,从远处看,每座山峰都犹如饮水的蛟龙依偎在盆地四周。这里气候宜人,空气纯净,盈盈水碧,习习风清,清晨观雾,白天看云,傍晚赏霞,夜里观星,好似跟随自然,静听天籁,有天人合一

大九湖　潘建翔摄

之感。春夏之交，广袤的大九湖满目葱茏，一片青黛，水草丰腴，牲畜成群，呈现出一派"风吹草低见牛羊"的高山草原风光。秋末冬初，大九湖五色斑斓，绚丽多彩，山峦的五颜六色，水草的婀娜多姿，倒映在水中，朦胧在雾里，湿漉漉的盛装缥缈在一层薄纱似的水汽里，波光潋滟，烟雨迷蒙，把山水装扮成一幅幅五彩的油画。深冬时节的大九湖会降下一层厚重的积雪，将这里装扮成洁白、晶莹、静谧、一望无际的童话世界，这样的静谧、这样的沉淀，厚重得让人心疼，令人不忍打扰她这份圣洁。四季大九湖，美在天地间，这里也是全国最佳风光摄影创作地，每年都会吸引无数海内外摄影爱好者在这里摄影创作。

"晨风揉醒花千朵，银雾含香吻村落。翠湖鳞波连天际，偕同霞女织绫罗。"湖光山色，烟雨云霞，如梦如幻的大九湖就是那么勾魂，不经意间让你心驰神往。

## 第三节 惊世杰作，峡谷传奇

国家5A级旅游景区恩施大峡谷，位于"世界硒都"——湖北西部恩施土家族苗族自治州境内。被专家誉为与美国科罗拉多大峡谷难分伯仲，是鄂湘渝黔交界的武陵山脉中最有核心竞争力的旅游景观之一，是清江大峡谷最壮观、最神奇、最震撼的一段，峡谷全长108公里，面积300多平方公里。

### 概说恩施大峡谷

有"世界地质奇观""喀斯特地形地貌天然博物馆"之称的风景名胜恩施大峡谷，以"雄、奇、险、峻、秀"著称于世。景区位于鄂西南恩施土家族苗族自治州境内，距恩施市城区60公里，距利川市城区39公里，是著名的"奇观之峡、古道之峡、森林之峡、科考之峡、康体之峡、民俗之峡"。说它是"奇观之峡"，是因为峡谷中有"地缝—天坑—岩柱群"景观，这种复合型喀斯特地貌在世界范围内都找不到第二例；说它是"古道之峡"，是因为这里有过去地位十分重要的通往四川的古盐道、古官道；说它是"森林之峡"，是因为峡谷保存着大片完好的原始森林，森林与峡谷相映成景；说它是"科考之峡"，是因为峡谷中的"一炷香"等地质奇观入选了《美

恩施大峡谷　吴罗庚摄

国世界地理》，央视《走进科学》栏目也曾为此专门进行了深入全面的报道，一些地质专家、建筑学专家在此进行过多次考察研究；说它是"康体之峡"，是因为亲近自然、走进峡谷、攀登峡谷是对身体各项指标的一次综合检验，同时，这里有良好的环境、清新的空气，可以呼吸丰富的负氧离子，享受富硒美食，确实是养生康体之地；说它是"民俗之峡"，是因为大峡谷地处湖北唯一一个少数民族自治州——恩施土家族苗族自治州境内，这里民族风情浓郁，在这里你可以住吊脚楼、跳摆手舞、唱龙船调、喝摔碗酒，享受土苗风情的豪迈。

恩施大峡谷峰丛石柱刀削斧劈、奇绝震撼；悬崖栈道绝壁凌空、步步惊心；地缝暗河崎岖幽深、飞瀑四溅；森林植被繁茂翠蔚、参差披拂；土苗风情五彩斑斓、浪漫多姿。这里风景之绝美、地理之神奇、生态之优良、民风之纯朴，是你不得不去的理由。目前峡谷主要的景观包括以一段地缝、两条河流、五大奇观、五大板块为主要特色的七星寨和云龙地缝景观。一段地缝即云龙地缝；两条河流指的是起自利川的雪照河以及起自奉节的云龙河；五大奇观指的是清江升白云、绝壁环峰丛、天桥连洞群、地缝接飞瀑、暗河配天坑；五大板块指的是五个观光板块，包括朝东岩板块、日天笋板块、七星寨板块、云龙地缝板块、鹿院坪板块。

## 大峡谷五大奇观

恩施大峡谷区域开阔宏大，景观丰富多样，山群山峰千奇百怪，河谷深邃悠远，这些山、水、河谷不经意间的自然整合，形成了"清江升白云""绝壁环峰丛""天桥连洞群""地缝接飞瀑""暗河配竖井"五大地质奇观。

一是清江升白云。通常来讲，山区云海景观多显得零星闲散、杂乱无序，但是恩施大峡谷的云海全是从清江上升腾而起，整个江面上的云雾汇聚到一起成为浩浩荡荡的一片，

云海天地（恩施大峡谷）　　冯光平摄

延续数百里，美不胜收。二是绝壁环峰丛。在喀斯特地貌中，绝壁和峰丛通常是不会一起出现的，然而恩施大峡谷不仅同时出现了绝壁和峰丛，而且规模庞大，四面绝壁凌驾于峰丛之上，如此磅礴的绝壁和峰丛目前在世界其他地区尚未发现。三是天桥连洞群。洞穴群落是峡谷中最具代表性的景观特征。初步统计显示，大峡谷目前有大小洞穴200余个。如板桥的热云洞，因为中间有石壁隔绝，于是产生了两个洞口，一洞通热风，一洞出冷风，冷暖交融竟生出了缕缕烟雾，洞内空间可以容纳万余人。更有处处天桥匹配，溪谷相谐、山水相映、物人相随，犹如仙境一般。四是地缝接飞瀑。恩施大峡谷境内的云龙河地缝全长7.5公里，平均深达75米。地缝两壁深切，幽深狭长，其内古木苍翠，遮天蔽日，河底怪石突兀，碧流潺潺。晴日正午时分，阳光倾洒谷间，两岸飞瀑四泻，五彩斑斓。五是暗河配竖井。中法探险队历经十年考察宣布，奉节龙桥河至恩施大峡谷的地下暗河全长5万米，是世界最长的暗河。并且暗河上的竖井数量有108个，与新疆坎儿井相仿，形态各不相同，形成壮观的景象，实属罕见。

## 壁立七星寨

七星寨是恩施大峡谷景区的核心景观，位于大峡谷西部的前山，海拔1500~1900米，面积为23.9平方公里。景区为三叠纪（2.5亿年前~2.3亿年前）灰岩经风化剥蚀、溶蚀形成的喀斯特地貌景观。主要地貌类型包括绝壁、岩柱林、孤峰、石芽（林）、峰林洼地、溶洞等。景区内雄峰耸峙，云遮雾绕，松木苍翠，惊奇秀美。七星寨各种不同造型的喀斯特景观，深刻地反映了峡谷、绝壁、峰林、岩柱、石芽、溶蚀沟槽、溶蚀洼地等形成的每一个细节，是喀斯特地貌演化的天然教科书。主要景点有小楼门、一线天、绝壁栈道、大楼门群峰、睡美人、一炷香、双子塔等。

小楼门群峰是七星寨的南大门，为典型的喀斯特地貌，由可溶性岩石经风化剥蚀、溶蚀、崩塌形成。这里植被繁茂，绿树掩映，疏村稀户，鸡犬相闻，宛若世外桃源，令游人忘返。

一线天，又称"步云关"，为三叠纪灰岩中发育的直立裂隙构造形成的巨大裂缝，宽不足一米，高则约数十米，长40多米。因为进入裂缝中以后，仰望天空只能看到一线蓝天，所以被叫作"一线天"。

绝壁栈道位于山体东部笔直陡峭的绝壁半山腰上，修建于2008年，海拔约1700米，全长488米，相对高差为300米，有石阶118个，与山岩绝壁融于一体。之所以称其为"绝壁栈道"或"绝壁长廊"，就是因为栈道筑在绝壁之上。在绝壁上行走，仿佛悬挂在空中，峡底的无限风光俯首就在眼前，十分惊险刺激。

大楼门群峰既不像一般的峰林，也不像石林，是三叠纪灰岩在风化剥蚀、溶蚀及雨水冲刷作用下留下的一群巨型陡立柱状岩体群。它兀然直立于陡坡之上，极为壮观。其中一个巨型岩柱块，长800米，宽150米，高近200米，顶部是两端较高、中间较低的弧形平面，在顶部中央则有较小的积水塘，于是岩柱表层形成了洼地。

一炷香为喀斯特离峰地貌，是三叠纪灰岩受到风化作用侵蚀而产生的独立岩柱。一炷香高150米，柱体底部直径6米，最小直径只有4米，这样的景观是十分少见的，已经成为恩施大峡谷的标志景观。

双子塔为喀斯特象形山石，因为此地出露的一对岩柱山体酷似一对孪生子女，所以取名为"双子塔"。岩柱在形成以前，岩体发生过垂直裂隙发育，又受到风化侵蚀以及重力崩塌双重作用影响，让直立裂隙越来越大，最终完整岩体慢慢形成两座彼此分裂而又对称的岩柱。这种外形几乎相同的对称岩柱，在自然界是极少见到的，为恩施大峡谷众多奇观之一。

大地山川包括一方形山体和两个修长的灰岩岩柱，这些山体岩块都是因为早期地壳运动发生断裂和后期风化、剥蚀、溶蚀及重力崩塌产生剥离，最终从主体山脉分离出来。整体形状构成了一个硕大的"川"字，因此取为此名。其中方形山体长800米，宽150米，高200余米，两头高，中间低并形成一洼地，其中积水成泉。两根灰岩岩柱修长高耸，好像一大一小两支巨笔，大者根部直径约60米，高210米，下粗上细，如天王宝塔；小者整体直径约10米，高达200米，根部直径局部达20~25米，整个柱体如"岩杆"。

"母子情深"亦为喀斯特地貌景观，由于岩石层理结构很薄，极易受风化而垮塌，顶部最先出现了破裂，于是右侧岩体好像自然成形的女子头像，左侧岩块则十分像一个婴儿，整体形象仿佛是一名土家女子正在亲吻怀抱中的婴儿。这深情的一吻，唤醒了每个游客心中对于母子亲情的眷恋，令人动容。

## 天插一炷香

有大峡谷镇山神针之称的"一炷香",高 150 余米,最小直径只有 4 米,此地岩石的抗压强度是每立方厘米 800 千克,无论风吹日晒雨淋,岩石都岿然不动,屹立长达千万年之久,守护着这片神秘的土地,为恩施大峡谷标志性景观。当地流传着一个故事,此石柱为仙人所赠的难香,当地百姓如果遭遇到灾难点燃此香,仙人看到难香飘起烟雾,便会立刻前来搭救。"一炷香"形状细长,天气晴好的时候,有缕缕白云飘荡在石柱上,从远处望去仿佛是云端之上的香火,胜似仙宫;而若是在阴雨天,被雨丝掩映的石柱则朦朦胧胧,妩媚动人。

恩施大峡谷一炷香　任毅华摄

"一炷香"为喀斯特离峰地貌,从地质学上讲,长江、清江两大水系长期交错,对这里的岩体进行反复和持久的侵蚀、冲刷,于是出现了今天这样独特险峻的石柱。而且因为这样细长的石柱保存十分困难,所以在世界上十分少见。2009年10月17日CCTV-10《走进科学》栏目报道了"擎天一柱"不倒之谜；2012年景区邀请美国探险家迪恩·波特在"一炷香"旁创造了41米无保护措施的高空走软绳纪录；2013年美国CNN评中国最美的40个景点时，"一炷香"榜上有名；2013年《美国国家地理》在恩施大峡谷拍摄了最美喀斯特地貌风光，于2014年《美国国家地理》杂志正式推出。

## 地生一条缝

云龙河地缝景观带主体包括云龙河地缝、云龙河绝壁、云龙河悬瀑及跌水、云龙河风雨桥和云龙河栈道。"地缝"现在已经是地学界普遍接受的一个喀斯特地貌术语，它通常指的是极其狭窄并且有一定深度及长度的流水沟谷，在外形上的突出特点是地壳表面出现条状深切的"天然岩缝"。正是因为地缝景观形成、保存都相当不容易，才成了很热门的景点。常见的地缝多为下窄上宽，也有地缝上窄下宽，可是云龙河地缝却是上下垂直基本一致的"U"字形的地缝，目前

恩施大峡谷云龙河地缝

世界范围内只在罗马尼亚出现过同类型的地缝,所以它的稀缺性、独特性可见一斑。

科学考察的结果显示,云龙河地缝至少形成于5000万年前,从地缝顶部到地缝底部的地层主要为形成于距今约2.1亿~2.9亿年间、跨二叠与三叠纪的灰岩;全长7.6千米,平均深75米,最窄的地方只有12米,最宽的地方有150米。地缝两岸岩壁陡峭,有瀑布从顶上飞泻,地缝底端则有潺潺的水流,中有各种奇石怪岩,上与天水暗河相连,下与滔滔清江相通。云龙河地缝过去为云龙河的伏流段,在地下沉寂长达两三千万年,后受到水流从下部的强烈掏蚀作用,地表不断被剥蚀,暗河顶部逐渐坍塌,地缝最终露出地面,成为恩施大峡谷一大绝世奇观。

## 大型山水实景剧《龙船调》

在鄂西南的恩施有这样一种习俗,每逢重大节庆活动时,当地民众都会划着采莲船传唱一首民歌——《龙船调》。这首民歌早在20世纪80年代就入选了由联合国教科文组织评选产生的世界最优秀的25首民歌。山水实景剧《龙船调》讲述了在恩施地区土司时代一对土家族青年男女冲破封建社会礼教对于人性的束缚,努力追寻自由和幸福的爱情故事。该剧吸收了土家族独特的民族音乐元素和表现形式,与恩施大峡谷的景色相结合,用现代科技打造舞台灯光和特效,给观众带来视觉丰富、情节细致巧妙、歌舞精彩热烈的艺术盛宴。

该剧由恩施大峡谷旅游开发有限公司投资打造,中国实景演出创始机构——山水文化公司策划、制作，总投资2亿多元，剧场用地240亩，总建筑面积为4.9万平方米，演职人员280多位。2014年7月起正式上演。

龙船调　楚天云图航拍中心摄

# 第四节 大别圣山，别于天下

巍巍大别山，位于湖北、安徽、河南三省交界处，西连桐柏山，东接天柱山、张八岭，呈东南往西北走向，属于长江和淮河的分水岭。自古大别山人文荟萃、英杰辈出，是我国著名的革命老区之一。如今，大别山乘人文之厚，借生态之美，已经成为我国著名的红色和绿色旅游胜地。2018年4月17日，联合国教科文组织批准湖北黄冈大别山地质公园为世界地质公园。

## 概说大别山

大别山，大别于天下也。绝大多数人对于大别山也许并不会感觉到陌生，然而对于大别山名从何而来可能就不十分清楚了。其实，大别山"大别于天下"之处便是源于山区特殊的气候特点。大别山脉绵延不绝，长千余公里，山的南北两侧不仅分别为长江和淮河两大水系，而且在气候条件方面也有着巨大的差异，由此形成了彼此各异的植物类型。据说，西汉著名史学家司马迁在其青年时期，曾经登临大别山，他惊叹于山的南北两侧迥然不同的景色，感慨道："山之南山花烂漫，山之北白雪皑皑，此山大别于他山也！"大别山由此得名。

大别山是英雄圣地。春秋时期,"五霸"争雄,大别山处于"吴头楚尾",天堂寨号称"吴楚东南第一关",吴楚江淮之战历时近百年。南宋末年,文天祥领兵抗元,派遣了与其同榜考为进士的程纶进驻大别山区,组织西义军,建天堂寨,抗击元朝。1351年,布贩徐寿辉聚集数万农民在大别山区发起抗元起义,不久攻克了罗田、浠水,于清泉寺称帝,建立"天完"农民政权,改元"治平"。后实力壮大,席卷东南数省,割据一方达11年。明朝末年的1641年,一直驻扎在大别山区的农民军马守应等为了与张献忠合为一股势力,与多云(天堂寨又名"多云山")巡检孙大奇十万军队周旋于天堂寨。1646年,致仕还乡的罗田籍官员王鼎组织地方势力开展反清斗争,后被永历帝册封为兵部尚书,总督凤阳的义军,把天堂寨作为指挥核心,率领义军在湖北、河南、安徽三省交界地带约10多个州县坚持抗清长达四五年之久,

大别山　邱亚林摄

天堂寨因此在当时具有较大的影响力。1752年，天堂寨地区又爆发了由农民马朝柱组织起来的白莲教起义，一时惊动湖广地区。1859—1864年间，正是太平天国运动轰轰烈烈的时期，天堂寨作为战略要地，成为太平军势力与清军、民团势力都力图争夺的对象，时任湖广总督胡林翼评价道："内可固鄂，外可图皖，大力经营，守备完固，则平时有藜藿不采之威，临时得高屋建瓴之势，中枢独运，妙利无穷。"新民主主义革命时期，大别山地区诞生了伟大的中国工农红军第四方面军，钢铁男儿在中国风雨飘摇之际挺身而出，抛洒满腔热血。近代中国历史上众多革命斗争都发生在这块红色的土地上——从黄麻起义、新四军中原突围，到刘邓大军千里跃进大别山、团风渡江首役，等等。革命战争年代，"铜锣一响，四十八万，男将打仗，女将送饭"，"刘邓大军千里挺进，老区群众倾情支援"，大别山地区的英雄儿女为民族解放做出了不可磨灭的贡献。1947年刘邓大军千里跃进大别山，揭开了人民解放军战略进攻的序幕。这片红色土地上孕育了一代风云人物，有董必武、陈潭秋、包惠僧三位中共一大代表，董必武、李先念两位国家主席，王树声、韩先楚等200多名开国将帅。

大别山是文化圣地。"惟楚有材，鄂东为最。"黄冈位于大别山区，在长达两千年的历史中，大师辈出，更是著名的禹王文化发祥地。自隋唐科举开始，黄冈重教兴学之风兴盛。历史上的黄冈是湖北省的科举重地，有四状元、五探花、六宰相的说法。相关史籍显示，自隋唐科举制度产生以来，黄冈籍的科举进士、举人人数达到了湖北省进士、举人总数的五分之一左右。古往今来，长盛不衰的人才资源，使大别山区积淀了深厚的历史文化底蕴，吸引了名贤士人如李白、杜牧、李贽、苏轼、王禹偁等在此留下了大量的诗文作品。北宋文学家苏东坡最为著名的词作《念奴娇·赤壁怀古》、前后《赤壁赋》以及《黄州八诗》等，正是创作于其贬谪黄州之时，表现了他人生失意，但是生活态度却依然乐观而积极的可贵精神。这里是发明家毕昇以及著名科学家李四光、彭桓武的故乡。禅宗祖庭五祖寺、四祖寺、老祖寺，成就了佛教禅宗四祖道信、五祖弘忍一代大德高僧，将佛法禅理远播四海八方。这里走出了李时珍、杨济泰、万密斋、庞安时四位鄂东名医。近现代大别山还产生了一大批文艺、学术界的杰出人物如文学评论家胡风，爱国诗人闻一多，语言文字学家黄侃，文学翻译家叶君健，作家废名、秦兆阳，经济学家、《资本论》翻译者王亚南，哲学家熊十力、徐复观、汤用彤，教育家马哲民等。改革开放之后，大别山地区凭借"高成才率""国际奥赛摘金夺银""黄冈教辅资料"三大现象级教育特色，在全国范围内颇具影响力。

　　大别山是绿色圣地。大别山地区多高山密林，境内千米以上的高峰25座，天堂寨最高峰是大别山主峰之一，系江淮分水岭，气候宜人，景色绝美。其间雄关漫道、崇山峻岭、茂林修竹、龙潭飞瀑、奇松怪石颇多，雄伟壮观，大气磅礴。这里生态环境良好，森林覆盖率超过七成，是华中地区重要的生物基因库，更是国家重要的生态功能保护区，被称为"华东最后一片原始森林""植物的王国""花的海洋""杜鹃之乡""板栗之乡""蚕桑之乡""甜柿之乡""茯苓之乡""茶叶之乡""菊花之乡",等等。今日,以绿色产业为主的特色产业蓬勃兴起,绿色产品畅销海内外,大别山的绿水青山,成为百姓致富的"金山银山"。

缥缈高台起暮秋,壮心无奈忽同游。水从霄汉分荆楚,山尽中原见豫州。

明月三更谁共醉?朔风初动不堪留。朝来云雨千峰闭,恍惚仙人在上头。

——(明)李贽《宿天台顶》

访将帅故里,看麻城杜鹃,赏天堂美景,拜禅宗祖庭,品东坡赤壁。多情大别山,风流天下传!

## 红安天台山

天台山地处鄂豫两省之交的著名的"中国第一将军县"红安县境内,为国家4A级旅游景区、国家森林公园、世界地质公园,总面积120平方公里,距离武汉市110公里。

天台山有着连绵的群山、纵横的沟谷、丰富的植被,春日樱花烂漫,秋季落红缤纷,森林植被的覆盖率在95%以上,是珍稀的植物宝库,也是野生动物们的乐园。景区气候温和,降雨量充沛,长年平均气温在12℃～14℃,是人们理想的避暑休闲胜地。天台山景区由主峰、九焰山古兵寨、爱河风情谷、对天河漂流区、香山湖、天台镇六个部分组成,是距武汉市百公里左右的生态性完好,且气候宜人、功能齐全的著名旅游度假区。

天台山的主峰因"山形类台、巧若天造"而享名，其山似一个巨大的台阶拔地而起，笔直地插入苍穹。峰顶有伯台、仲台、叔台、小台四台；告天炉、抚松岩、了心关、宾阳壁、留月岩、坐忘台、卧龙洞、作霖池、抱奇窟、披云峰十景。

天台山是红安的文山。明朝万历年间的户部尚书耿定向就曾归隐此山，并建立天台书院，广收门徒，讲经论道，引得当时众多的文人墨客慕名而来，并留下不少不朽的诗文。明末著名的文学家、思想家李贽，从万历八年（1580年）至万历十二年（1584年）定居于此山。"朝来云雨千峰闭，恍惚仙人在上头"，便是当年李贽赞美天台山的诗句。同时代的焦泓是万历十七年（1589年）的状元，当年拜耿定向为师，并长年求学于天台书院。他在金榜题名后，曾带领六位弟子重访天台山，并写下"尽将双脚压崔嵬，下视青天万里开；飞腾莫讶不知险，曾踏羊肠百折来"的豪迈诗句。

天台山佛源悠久，香火旺盛。据学者考证，佛教八大宗之一天台宗的创始人智者大师，9岁出家于天台山北边的净

十月天台山印象　钟家材摄

居寺，16岁便赴浙江的天台山讲佛传法，后自成为天台一宗。晚年的智者大师，在全国倡导并修建了36座"赤城寺"，麻城的天台山赤城寺便是其中的一座。天台寺禅乐艺术团于2009年正式组建，成员均为此寺的僧尼。如今，天台禅乐已成为天台寺的一大特色，并逐渐成为国内佛教界的大品牌之一。

而身处大别山地区的天台山亦是红色圣山，1934年10月，红四方面军在经历第五次反围剿失败后，主力部队被迫西征，一批干部妇女及伤员转移到了天台山林区，当时鄂豫皖省委机关就设于对天河村的刘家湾。1935年春，时任湖北省委书记沈泽民同志病逝在这里，当年老百姓救助过他的山洞，至今仍保留完好。

### 麻城龟峰山

"人间四月天，麻城看杜鹃。"龟峰山因杜鹃而闻名天下，地处于麻城市旁的东部山区，距麻城市中心28公里，车程不到1小时，是一个集国家4A级旅游景区、世界地质公园、省级旅游度假区于一体的著名风景胜地。龟峰山主要由奇特的龟头、雄伟的龟背和生动逼真的龟尾等九座山峰而组成，全长16公里，宽7公里，最高海拔1320米。龟峰山因其山体酷似一只昂头吞日的巨型神龟而得名，被世人称为世界地质奇迹，赞为"天下第一龟"。2016年10月，该景区通过国家5A级旅游景区景观质量评审，加入创5A行列。

麻城地区的杜鹃花品种主要为红杜鹃这一种，别名"映山红"，是原生态的古杜鹃花。龟峰山上有世界规模最大、年代最古老的映山红群落,这里的古杜鹃群落布局最集中、保存最完好,整个的连片面积达10万多亩,生长周期逾百万余年,其面积之大、年代之久、密度之高、保存之好、花色之美,属中国一绝、世界罕见。最大的一珠"杜鹃花王"树龄高达300多岁,次生枝干有56枝,每枝干茎在6~10厘米的范围之间,树冠冠径长达6米,覆盖面积达35平方米,龟峰山因此被誉为"世界杜鹃园"。基于此,上海大世界基尼斯总部授予龟峰山"面积最大的古杜鹃群落"证书。国际著名杜鹃研究专家、中国科学院昆明植物研究所研究员、博士生导师兼中国杜鹃花协会副理事长管开云教授由衷地发出了赞叹:"麻城杜鹃甲天下。"中国花卉协会2011年授予麻城"中国映山红第一城"美誉。麻城市政府为了延长赏花期,在龟峰山上投入资金,建设了世界上最大的杜鹃博览园,拥有"三个世界第一":园内杜鹃盆景数量、规模、品种、品质世界第一;

龟峰傲雪　邱东旭摄

杜鹃栽培技术和嫁接技术世界第一；园内小叶杜鹃基因品种世界第一。

龟峰山生态环境优良，景色秀丽。一时晴空万里，阳光明媚；一时云海无际，雾绕群山。龟峰山的山形十分奇特，瑰丽多姿，幽山翠谷，好似楼阁互相照映，万千气象，变化莫测。龟峰山的山石也是一奇，山上的花岗岩在长时间的物理风化和地理运动的作用下，显得更加瑰丽险峻、雄浑苍劲、粗犷奇伟、浑然天成，可谓鬼斧之神工。行人在登山路上，可以观龟峰奇石，感受其峰回路转并引出万千联想。龟峰山的主要景点有杜鹃花海、杜鹃花王、神龟映日、天梭石、孔雀松、能仁寺、如意泉、望儿石、观音殿、棋盘石、云峰亭等。董必武于1958年视察龟峰山，并题诗一首："昔日游击地，今为产茶区。龟峰名久著，牯岭德不孤。烂漫红花胜，蒙茸绿草铺。此山藏宝物，前进莫踌躇。"

## 罗田天堂寨

天堂寨古称"衡山"，又名"多云山"，是大别山脉主峰，海拔1729米，北接安徽，东临英山。罗田天堂寨是国家4A级旅游景区、国家森林公园、国家级自然保护区、世界地质公园。

天堂寨自古便是兵家必争之地，战略地位重要，古代帝王常驾临于此，文人士大夫也多来此游览登高。春秋战国，五霸争雄，天堂寨号称"吴楚东南第一关"。南宋末，程伦建天堂寨作为抵抗元军的军事防御要塞。元朝末年，布贩徐寿辉聚集僧人彭莹等人开展反元斗争,重新修建天堂寨作为据点。近现代,天堂寨是鄂豫皖革命根据地的核心地带。红军北上抗日后,大别山依旧高扬革命斗争的旗帜,大别山地区民众一直坚持游击战争。1947年,刘邓大军南下挺进大别山,天堂寨重新回到了人民的怀抱。1948年刘邓总部转入九资河,3月陈锡联、阎红颜等主持召开九资河会议,研究坚持大别山根据地的战略部署。不同时期的人民英勇斗争的历史在天堂寨留下了多处历史遗址,斑驳的古遗址与天堂寨的自然景观交织在一起,增添了这里的历史底蕴与人文内涵。"岩石古寨插云间,吴楚东南第一关""兹山独储英,群雄出其间",这些诗句所描述的便是大别山往日的风云。

如今,天堂寨已成为著名的旅游胜地。景区占地面积45

天堂寨风光　方华国摄

平方公里，包括神仙谷、哲人峰、大别山主峰、小华山、天堂瀑布、天堂峡谷主要线路在内的大小景点300余处。天堂寨最高峰位于天堂顶，北望是中原腹地，南眺则为荆楚大地，莽莽群山，连成一片。再近看四周之地，笔架山、九资河景色秀丽，旖旎蜿蜒。风起之时，林海随风摆动，如同一排压过一排的海浪，声势浩大；耳间簌簌林响，也是一阵盖过一阵。天堂寨日出是来此不可错过的壮景。选一个晴好的时日，天将明未明，看红霞氤氲、云气蒸腾，天边一点一点变白变亮，然后从中折射出耀眼的光芒，看红扑扑的太阳初升，万种感慨涌动心头，不由感慨这雄浑壮阔的美景。

　　天堂的美景是造物的千般雕琢、万般变化，"山、石、泉、水、云、松、瀑、雾"是天堂寨的八绝奇观。群山撑起着浮云，浮云掩映着山巅，群山巍峨磅礴，云雾轻柔曼妙，交织出一片诗情画意。黄山松笔挺健硕、精神抖擞；奇石怪峰惟妙惟肖、造型独特；杜鹃花、红枫树、针阔叶混交林、天然次生林等，衬托出天堂寨的色彩绚丽多姿；厚厚的高山草甸打造出一望无际的原野风采；还有那坚韧不拔、英姿飒爽的竹林等，众多元素交织在一起，组合成花的海洋、动植物的天堂。

　　"踏遍黄峨岱与庐，唯有天堂水最佳。"飞瀑龙潭在天堂寨众多景观中最具游览价值，95%的森林覆盖率，蓄积了充沛的水资源。天堂寨年平均降水量1350毫米，滋养了数量可观的珍贵动植物在这里生长繁衍，它是中国七大自然基因库之一，更是华中这片土地上最后的原始森林。天堂寨神仙谷峡谷深邃，水流清澈，沉岩浑圆，沿岸峰峦现青翠之色。漫游谷中，巨石横布，龙潭珠连。来此，游客可以收获"一脚踏两省，两眼望江淮"的奇妙体验。

## 罗田薄刀峰

薄刀峰原名"鹤皋峰"，位于大别山主峰西南的鄂皖交界处，最高海拔 1408.2 米，是鄂东著名的避暑胜地，为国家 4A 级旅游景区、世界地质公园。古人因为这里时常可见白鹤来此，所以取《诗经》"鹤鸣九皋，声闻于天"之句为此处命名。后来又更名"薄刀峰"，原因是主峰下有卧龙岗，状如游龙，脊似薄刀，多生奇松怪石。

"吴楚游猎绝险处。"薄刀峰植被茂盛，绿树成荫，景致秀丽，境内各种珍稀植物有 200 多种，珍稀动物 100 多种，原始森林面积 2 万多亩。薄刀峰历史文化悠久，有"横截东西、建瓴南北"的记载，因此留下了众多历史遗迹，如三国时期的头至六垸驻军屯落，魏晋南北朝时巴水蛮田氏侵夺江淮富豪而留下的爵王主庙，南宋岳飞抗金留下的铜锣险关和高僧季卜、陈谟筹建的独尊古寺。这里有元末明初徐寿辉起义聚集之地鹤皋寨、五垸寨，有清咸丰四年（1854 年）太平军的红巾寨，更有近代军阀混战、红军转战鄂皖、刘邓大军鏖战大别山留下的献旗岭、摇旗岗、歇马亭、红军洞、就义场等遗迹遗址。

鹤皋亭。为薄刀峰主峰最高处，传说该亭为王母仙游四方之时命一众仙女所建，后世一直作为军事瞭望所，屡毁屡建，到晚清还保留着五层六方四窗八角的样式，亭上题写有对联，书曰："峰上亭、亭下峰，亭峰皆立众峰中，峰威千古、亭威千古；山外水、水内山，山水尽收孤山前，山秀万年、水秀万年。"鹤皋亭在"文化大革命"时期遭到破坏，目前所见亭台为20世纪80年代修缮而成的仿古圆形亭榭，供游客休憩娱乐。

卧龙岗。它是薄刀峰位于主峰与锡锅顶两地之间的重要景点，属太古界前震旦系变质岩系岩浆岩发育而成，形状好似苍龙盘亘在山中。国民党将领冯玉祥部曾在这里打败军阀吴佩孚余部李老木匪军，红军曾经于此与敌军周旋，刘邓大军曾经以此为进攻之凭借。此处有天梯、英雄关、美人关、天子关、孔雀松等大大小小景观20余处，留下"天下名山卧龙岗，三步一景汗浸裳"的美誉。

神奇天池。卧龙岗前面有一乱石岗，乱石岗中的一处山脊之上，可见高度约为5米、直径约为4米的椭圆形石头。一座古式石浴盆正坐落在石头之上，即为天池。天池附近矗立着两棵翠绿挺拔的黄山松，援树上去能够走进天池，相传此地乃是王母娘娘的沐浴之所。现在两棵松树因得圣水的滋养，枝叶愈发繁茂，甚至超出了石顶。而石顶端的浴盆，惟妙惟肖，无论四时如何变幻，始终有清泉流淌。

锡锅顶。位于卧龙岗的山后，主体为一块巨大的白色花岗石，形状呈圆形，100余人在场地上活动都绰绰有余。从远处遥望此地，如同扣于群山顶上的一个巨大的锅。在古代，金、银、铜、铁、锡等金属对于普通百姓来说都十分珍贵，而且当地的习俗是用锡锅酿酒，所以将此地取名"锡锅顶"，这寄托着人们祈求上苍赐福、年年有余的美好愿望。还有一种说法是清代翰林院编修周锡恩应试时，宗师大人曾以罗田酿酒之题试其才智，曰："竹笼蒸开天地眼。"周锡恩听后深知其用意，因此应答："锡锅煮出汗（翰）淋（林）来。"宗师大人及皇帝听后十分高兴，遂有封赐，其石故有此名。

## 英山大别山主峰

英山大别山主峰景区位于大别山南麓英山县境内，是国家 4A 级旅游景区、国家级森林公园、世界地质公园、中国森林"氧吧"，总面积 30.2 平方公里。风景区旅游资源十分丰富，主要由中原第一山——大别山主峰天堂寨、华中第一谷——龙潭河谷、武当南宗发源地——南武当、大别山佛教圣地——石鼓神庙、大别山最大书院——龙潭书院、中国传统村落——大河冲和激情亲水地——龙潭峡漂流七大特色景区构成。

大别山主峰天堂寨，海拔 1729.13 米，地跨湖北、安徽

大别山主峰　章卫军摄

南武当 章卫军摄

　　两省三县，被称为"中原第一山"。登上天堂寨峰顶，层峦叠嶂，蔚为壮观，江淮景致一览无余。于天堂赏旭日，于云海赏飞瀑，千种风情，万般变化；多云九井、大别神龟、古战场遗址遗迹，睹物兴怀；莽莽森林，幽幽旷野，置身其中，神清气爽。

　　华中第一谷龙潭河谷，"山因水秀，河缘瀑美"。龙潭河谷兼具"奇、险、幽、秀"的特点。九潭十八瀑，精妙绝伦。急流拍岸，迸发万道珠光；瀑泻深壑，如苍龙临渊；奇峰异石，如斧劈刀削。

　　武当南宗发源地南武当是中国著名的道教圣地、武当南宗发源地、中国武当武术基地之一。五殿合一的武圣宫于21世纪初复建。道观宫殿独具皇家园林风格，气势恢宏。宫殿群之后即为老君峰，其下有九条龙脉与大别山主峰相连接，又有案山五重，苍莽迂回，和可容纳万余人的太极广场构成一个整体，寓意"九五"之尊，彰显人文底蕴。云外仙都之三丰殿，是中国仅有的一个供奉武当内家拳祖师张三丰的宫观。

佛教圣地石鼓神庙在明末开始兴建，至清代达到鼎盛。石鼓为大别山镇山之石。鼓底有"石鼓洞"，用石头敲打石鼓，鼓声响震四方八面。神庙四重宫阙依据地形和山势变化，建筑纹饰精美，巧妙灵秀，与石鼓岩下石庙浑然融为一体，真是造化神奇。

大别山龙潭书院坐落于龙潭河谷之上、大河冲村村口，占地面积70亩，是大别山中最大的书院建筑。书院中有藏书楼、禅修堂、拜师殿、讲坛、冥想中心等多个功能性建筑，是全国书院中的后起之秀。

大河冲村是一个处于山间盆地中的传统村落，浓厚的乡土风俗使这里有"世外桃源"之称。这里有着最为质朴的建筑群落和最典型的田园风光，村民保留着最传统的习惯习俗和耕作方式，因此有丰富的资源和突出的特色来发展以乡村民俗、生态农业为主题的旅游观光活动。2014年，大河冲村入选"中国传统村落"。

龙潭峡漂流位于龙潭河谷下游，全长2.5公里，海拔落差近100米。两岸青山对峙，苍莽叠翠，峡谷曲折幽深，荡舟飞瀑流泉，与浪共舞，怡然自得。

这里是一片圣洁的红色热土，是刘伯承、徐向前、徐海东、张体学、皮定均等老一辈无产阶级革命家曾经战斗过的地方，刘邓大军克服千难万险、千里挺进大别山区的故事就发生在这里。

英山大别山主峰风景区主要观光点包括山色、河流、原始森林等。既有"峰、林、潭、瀑"的自然景致，又有宗教、民俗、历史、农艺等人文景观;景色清新秀美,人文底蕴丰富,交通便捷快速,距武汉车程不超过 3 小时,因此常常吸引着大量游客来此游览观光。

## 英山桃花冲

桃花冲位于鄂东的英山县,不仅是毕昇故里,而且还是国家 4A 级旅游景区、国家森林公园、红二十八军曾经的根据地。桃花冲主要包括山岳地貌、原始森林两种景观类型,大别山的次主峰大同尖就矗立于桃花冲范围内。境内有重峦叠翠,有古木山花,有激流飞瀑,有溪水潺潺;七七四十九座山峰,青山叠嶂,峰峰相扣,岭岭相连,犹如一朵盛开的桃花镶嵌在大别山上。大自然的神奇造就了这里"一门、两坎、

春满桃花溪,悠悠清泉水　张新安摄

三岭、四石、五尖、六潭、七湾、八亭、九松、十景"等近百余个旅游点。

风景区植被覆盖，空气洁净宜人，常常吸引人们前来避暑、养生及娱乐休闲。阳春三月，万顷新绿，姹紫嫣红，桃花、樱花、杜鹃花等竞相开放，花香醉人，花海如潮；炎炎夏日，林荫蔽地，凉风送爽，果香四溢；秋季天高云淡，红叶满山，色染层峦；冬季万物凋零，而风度犹存。春华秋实，饱览四时美景之妙；朝晖夕阳，极尽晨昏变化之妍，令人叹为观止。

美丽的十里桃花溪景点众多，仙女潭、净心潭、桃花潭、小石潭，潭潭清碧；九龙瀑、赤练瀑、鸳鸯瀑、柳舞瀑，瀑瀑高悬。九龙瀑上下落差高达18米，中间又分成3级，冲撞成九股激流，形成九龙抢珠之势。仙女潭水质清澈，深有30余米，潭底有一股暗流水顺着暗流向下游。一路向上攀登，观赏山光水色，体味鸟语蝶舞，好像自己已然成为自然的一个部分。

秋季，鸳鸯瀑山坡上长满了猩红的鸡爪槭，株株撑起的大红伞高大挺立者如旌旗飘扬，纤细娟秀者若燃烧的火焰；片片树叶状如鸡爪，殷红透亮，色彩鲜艳，绚丽如霞，落在小溪中，飘零于土地上、树顶端，山间浸染成一片红色，小溪陶醉后唱起山歌，小潭倒映山间的红色，也成为一片热烈的红色海洋。

桃花瀑高达20余米，飞流直下，水珠飞溅，靠近时水气迎面拂来，丝丝凉意沁人心脾。在天气晴朗的上午或雪后初晴的冬季，太阳光直射在瀑布上，映出一道亮丽的彩虹，置身其中，如梦似仙。

吴楚古长城东起大旗岭，岭上屹立着一块"革命历史纪念碑"，属于大别山区纪念碑中海拔之最；西至鸡笼尖旁，此处傲立着"世纪曙光烽火台"。全长3公里，沿途还有望江亭、好汉坡、昭关、怀英亭、红军医院等景观。

1932年至1938年，红二十八军在大别山坚持游击战争，参加大小战争200多次，平均每4天就有一仗，桃花冲是鄂豫皖红军坚持革命斗争的中心驻地。当时，大别山区的革命力量既无粮草供应，又无外部援兵，并且与党中央失去了联络，正是在这样艰难的情况下，高敬亭、何耀榜率领红二十八军高举军旗，在鄂豫皖边区人民群众的支持帮助下，在桃花冲设立"山林医院"，救治革命红军，坚持了艰苦卓绝的3年游击战争。

大竹园军事会议遗址。1946年7月，张体学率鄂东独立二旅实现中原突围以后，在桃花冲一带继续开展灵活机动的游击战，其间在大竹园先后举行了多次会议，后来刻下"大别山主峰"五个大字在桃花冲主峰、大别山第二峰大同尖的巨石上，字迹至今还可辨认。

桃花冲有着多样的动植物资源，境内森林面积广阔，大别山区全部的生物物种和植被类型都可以在这里找到。麒麟沟5000多亩原始次生林，集维管束植物1100多种。森林群落中分布有一大批古老孑遗植物和珍稀物种，如大别山五针松、金钱松、银杏、水杉、香果、青檀、天女花、鹅掌楸等；盛产天麻、杜仲、厚朴、三七、石斛、麝香、桔梗等100多种名贵药材；兽类有金钱豹、香獐、果子狸、水獭、小灵猫、野猪等30多种；鸟类有锦鸡、长尾雉、鹰、鹤等70多种。

因此人们称其为"珍稀动物避难所""野生植物大花园""名贵药材库""昆虫大世界"。

目前，桃花冲景区正按照"一心两网五区"规划，建设集生态观光休闲、感悟红色历史、感受历史氛围于一体的综合生态人文旅游区。所谓"一心"指以妙莲岗、八里排这些海拔超过850米的山地为中心，集中兴建一批四星级度假宾馆，打造游客集散接待中心。"两网"指以麒麟沟万亩原始森林、红二十八军根据地为中心，在原始森林中设计开展步道探险、红色步道体验活动。"五区"则是指包括麒麟沟原始森林探险区、妙莲岗避暑休闲度假区、桃花溪生态观光区、妙莲寺佛教朝圣区、小旗岭红色旅游区在内的五个特色旅游区。

> 轻帆摇荡客心闲，渐觉移来尺幅间。晴态倦时呈雨态，云鬟媚尽露烟鬟。
> 都堪下拜无顽石，便不知名亦好山。觅句十年无着处，却从此地载诗还。
>
> ——（清）李渔《英山道中》

## 浠水三角山

三角山属湖北浠水县，地处大别山的南麓，因其三柱奇峰形似兽角，突兀于苍穹之间而得名，为国家4A级旅游景区。三角山方圆64平方公里，大小山峰有28座，其主峰的海拔1055米，素有黄州府"笔架山"之称，以雄、奇、幽、秀而闻名。

三角山风景区自然景观奇特，这里层峦叠嶂、高峻险要、怪石嶙峋、石洞奇绝，观赏、游憩价值高，有可供游览景点100多处。三角山不仅自然景观奇特秀美，而且人文底蕴丰厚，具有较高的历史文化开发价值。历代不少名人，如李白、杜甫、苏轼、欧阳修、陆羽、李时珍、吴承恩、乾隆皇帝、郑板桥等都来过此山，并给后人留下了许多不朽的诗篇、遗迹等，使得其人文景观更加多彩绚丽。

宗教文化深厚是三角山的特色之一，这里的佛道文化氛围十分浓厚。自唐代的慈应祖师在此开山建寺以来，三角山的佛教文化距今已有1370多年的历史。三角山的名山与古寺交相辉映，自然与人文景观相融。据史志记载，三角山在兴盛时期曾有"三十六寺庙，七十二庵观""三千和尚，八百道

浠水三角山　陈新年摄

人"的景象。

自古以来，三角山因其地势险要，成为历代兵家必争之地，也是农民起义军征战的主要军事据点。许多著名的起义军将领，如黄巢、徐寿辉、李自成、陈玉成等都在此征战过，并留下了颇具规模的战争遗址和山寨遗址。

在革命战争年代，三角山作为鄂豫皖苏区的核心地区及重要的革命根据地，见证了中国共产党领导的红四军、红十五军、红二十八军、新四军五师与刘邓大军转战大别山的历史时刻。革命前辈徐向前、李先念、高敬亭、刘伯承、张体学等曾先后在此浴血奋战，留下了光辉的革命足迹。三角山已被列为省级爱国主义教育基地，是爱国教育和革命教育的重要场所之一。

茂密的森林、独特的气候、怡人的环境是三角山风景区得天独厚的旅游资源。这里森林茂密，林木葱郁，松青竹翠，古树参天。景区的夏季平均气温最高只有 26℃，空气中的负氧离子含量高，溪水中含有人体所需的多种微量元素，这些优良的环境使得三角山成为最适宜旅游避暑和休闲疗养的目的地之一。这里地处鄂东中心，交通便利，区位条件优越，是理想的休闲度假地。

## 武穴匡山

匡山（横岗山）旅游风景区，地处湖北省武穴市北部，位于长江北岸，与湖北的蕲春、黄梅两县交界，其景区内最高峰海拔 1064.50 米。

匡山旅游风景区由 1 个林场、2 座水库、17 个村落组成，面积 92.18 平方公里。景区通过"灵圣匡山、广济天下"的形象定位，运用"一湖托三山"（荆梅湖滨休闲度假区、横岗山宗教朝圣旅游区、层峰山山地动感旅游区、一尖山文化养生旅游区）、"四位融于一体"（宗教朝圣、文化体验、度假养生、生态农业）的创新理念，力图打造成为武汉旅游圈、大别山地区旅游圈和长江中下游城市圈中最知名的旅游地，并最终将其建设成为国内一流、国际享名的中国经典旅游名山和国家 5A 级旅游风景胜地。

匡山旅游风景区修竹茂密，郁郁葱葱，浑然天成的云海、雾海、林海、竹海相互融合，是一处"能看海的山"。"横岗耸翠""东冲积雪"等奇观在清代就被列入"广济十景"。匡山地处中纬度地区，属于北亚热带季风性气候，季节分明，春暖夏凉，宜游宜居。景区中的野生动植物资源丰富，据专

横岗山旅游风景区 田兴斌摄

家统计，植物共有 166 科 551 种，其中木本植物有 63 科 134 属 216 种；陆生脊椎动物 4 纲 17 目 143 种。

匡山风景区历史文化底蕴深厚、人文鼎盛。自隋唐开山以来，寺观林立，佛道共济，交相辉映。据史书记载，在隋唐就有寺庙 10 余座，塔室殿厢 70 余间，僧众 200 多人。一代高僧、禅宗四祖道信大师就诞生于此，并待在横岗山卓锡 7 年之久；当代的佛教泰斗本焕大师为匡山亲手写下了"中国禅宗源道信"。景区里还存有南北朝的遗址，是当时的文学家、诗人、参军鲍照的读书台，鲍照的文风上承秦汉，下启唐宋，对后世影响深远。从武穴青蒿地区走出的南宋抗蒙名将余玠，以山城防御的工事抗击蒙古军队进攻，以少而胜多，屡获大捷，创造了军事史上的奇迹。同从武穴百园走出的清代名医杨际泰，在汇集了家传医学经验和 30 余年临床实践后，撰成了著名的《医学述要》，并发明了治疗鸦片毒瘾的良方，名噪医坛。历代文人巨匠，如李白、杜甫、白居易、徐霞客、李时珍、吴承恩、金德嘉等也都到此游历并留下诗篇。同时，景区至今还保留着许多战争遗址，包括太平天国留下的许多古城墙、城堡等。

匡山旅游风景区已纳入黄冈整体旅游发展规划之中。"横岗突兀九蟠龙，云雾交参隐现中"的匡山以其灵秀的风姿诚邀四海来客，笑迎八方宾朋，共赏"朝观旭日东升、暮观落日彩霞、晴观长江玉带、雨观松海竹林"的美丽景观。

## 第五节　鄂中绿林，大洪之幽

大洪山风景区位于湖北省中北部，是省内唯一一座独立的内山。其西临襄（阳）钟（祥）山川谷地，东接涢水河谷丘陵，南连江汉水网平原，北边与桐柏山遥相呼应，横跨随州、荆门两地，方圆305平方公里。

### 概说大洪山

大洪山地处湖北省中北部，是东西走向的山脉，在秦岭、大巴山、大别山交界处，地势处于第二、第三阶梯的分界线上，由西向东呈三角形，绵亘5个市县区：宜城、枣阳、钟祥、京山、安陆，为中原之枢。1988年，国务院将随州市、荆门市的京山、钟祥这三地交界的305平方公里范围的大洪山区域，批准为第二批国家重点风景名胜区，其中随州市境内127平方公里，在三地中面积最广。

位于大洪山南麓的绿林山，因中国历史上著名的第二次农民大起义绿林起义的发生而得名，亦是东汉开国君主刘秀的发祥地。"绿林好汉"一词正是起源于此。加之大洪山优良的生态环境，所以这里被称为"鄂中绿林"。

万山层叠、群峰竞拔、纵横沟壑、林海茫茫是大洪山的特色，其山峰海拔多在800米以上，1000米以上的有9座，最高峰是随州境内的宝珠峰，海拔 1055 米，被誉为"楚北天空第一峰"。大洪山主峰绝对高度虽不高，但其与江汉平原、涢水河谷平原的相对高度已超过 1000 米，时人有"登大洪山而小湖北"的感慨。

泉水潺潺的大洪山山峰秀丽，河溪密布，水质优良，湖泊众多，景区内有四十二湖、九十九泉、五十三溪、三河、十瀑。位于宝珠峰顶、海拔 1000 米的黄龙池和海拔 840 米的白龙池，无论干旱多久都永不枯竭，是一道奇特的景观。

景区气候温和，冬暖夏凉，四季分明，十分宜居，具有"一山分四季，十里不同天"的特点。由于空气中富含负氧离子，被人们誉为"天然氧吧"。大洪山史称"苍松翠柏长生地，绿水青山古洞天"。大洪山同时拥有保存完好的原始次森林，包括以千年银杏王为代表的全国最大的古银杏群落和以对节白蜡、青檀、楠木等为代表的珍稀树种。珍稀动物有娃娃鱼、金钱龟、黄腿白鹭等。与此同时，大洪山已成为全国香菇、木耳的主要产地之一，也是金头蜈蚣的重要天然产地。

大洪山的佛教氛围十分浓厚，是佛教南禅宗曹洞宗的发祥地。唐宋便成为佛教圣地，历代帝王多有赐名，佛法远传日本、东南亚等地，在佛教界中享有盛誉。据《大洪山志》

大洪山景区　范筱明摄

中的记载，大洪山山连山山山相连，洪山寺寺接寺寺寺颔接，除洪山寺上院（灵峰寺）和下院（万寿禅院）外，自唐代以后，历朝在以主峰（宝珠峰）为中心的大洪山崇山峻岭中陆续建有26座寺庙，"精舍状观天下"，信士香客络绎不绝，晨钟暮鼓此起彼落，为佛教圣地之一。

大洪山位居荆豫要冲、汉襄咽喉，地理位置优越，交通便捷，集自然、人文、历史、艺术于一体，有着多处世界知名的考古发现，历史文化丰厚。2014年，大洪山风景区获评国家4A级旅游景区，先后被命名为"国家重点风景名胜区""国家森林公园""全国第四批青少年教育基地""湖北省地质公园"等。景区所在地长岗镇先后被评为"国家级生态示范镇""全国特色景观名镇""全省生态旅游示范区""荆楚最美乡镇""湖北省旅游名镇"，大洪山正逐步迈向佛教名山、养生天堂，成为中国优秀旅游目的地。

## 宝珠峰

"汉东地阔无双院，楚北天空第一峰"，这是清代湖广兵马道陈维舟在游览大洪山的洪山禅寺和主峰宝珠峰时题写的一副楹联。

大洪山的主峰是宝珠峰，海拔1055米，气势雄伟。山体是由辉绿岩和变质沙砾岩而构成。山顶为三峰连一体，鼓楼峰在东北，钟楼峰位东南，西北有舍身崖。三峰居中有一泉眼名"黄龙池"，水深3米，是一基岩裂隙泉，水质清澈甘爽，终年不干涸。古代有一僧人自豪地对路人说："山高者，莫若我院大；院大者，莫若我山高；山高且院大者，莫若我院中清泉也！"

据清康熙内府所绘的大洪山全图，山门前有三个巨釜，原山顶修有围墙。有副对联这样描绘道："门前巨釜烹明月，山外悬钩钓白龙。"三个巨釜于1958年间被毁，如今在山下的洪山寺院中还保留着一个釜底。

大洪山从唐代至清代一直是佛教圣地，佛教曹洞宗在这里中兴，并将其佛法远播于海外，成就了"中天佛国"的美誉。鼎盛时期，其山上有殿堂百余间，阁藏满经，金光佛像，香火不绝，磬鼓常鸣。明代的名人王钺在《金刚坡望大洪山寺》中描述道："扪萝攀石扣禅关，五月阴寒雪满山。遥听云端箫鼓沸，始知天上有人间。"由此可见当年景象的盛况。清代湖广兵马道陈维舟曾题一楹联曰"汉东地阔无双院，楚北天空第一峰"，至今此楹联仍保留在大慈恩寺的地宫中。

洪山寺院在中国历史上几兴几落，古建筑最后一次毁于清末，寺院僧众散游。武汉小洪山宝通寺与随州大洪山大慈恩寺乃是同宗同源、一脉相承。武汉的小洪山原名"东山"。南宋时期，为避金兵，宋理宗将大洪山禅院搬迁至武昌，与东山原有的弥陀寺合为一寺，敕号"崇宁万寿禅寺"，后改名为"洪山禅寺"，即现今武昌宝通禅寺。东山也改名为"洪山"，为了与随州市的大洪山区分开来，武昌的"洪山"被称为"小洪山"。2009年，佛门泰斗本焕大师率衣钵弟子印顺法师，携十方檀越发大愿，重建慈恩寺于大洪山山巅，再现了唐宋时期佛教"楚山望刹"的景观，成为华中一流的佛教朝圣目的地。

建成后的大慈恩寺总占地面积4.5万平方米，建筑面积1.2万平方米。沿中轴线依次建有山门、天王殿、大雄宝殿、藏经阁、佛足阁、金顶等；而中轴线两边则建有地藏殿、观音殿、经堂、客堂等。采取唐式风格设计的大慈恩寺，整体建筑气势恢宏，是整个华中地区海拔最高、规模最大的高山古寺庙群。

如今，在大慈恩寺除了可聆听禅理外，更能欣赏到"横亘西南压万峰""踏破白云山外山"的景观。同时这里还是看云海、观日出、赏夕阳、避酷暑的风景胜地，夏季来到这里，让人有"江城七月苦炎晖，潇洒山间夹纩时"之感。

在最高峰宝珠峰周围，九十九峰似虎、似狮、似龙，连绵起伏，翘首主峰，60余处岩山似兽、似禽、似物，百态千姿，已开发的27个溶洞，以声、光、形、色向人们展示着钟乳林立、色彩绚丽、暗河奔涌、景象非凡的景象，构成了一座人间瑶池。秀美的自然风光加上玄妙的佛教文化，为大洪山营造出了一个天人合一的和谐氛围，置身其中，犹如品读博大精深的百科全书，令人心旷神怡。

## 白龙池

白龙池为大洪山深处的一处高山湖泊，坐落于大洪山宝珠峰、悬钩岩、笔架山之间，海拔840米，湖面2.07万平方米，水深3米，终年不干涸，水质优良，为大富水源头。白龙池被誉为"鄂中瑶池"，时而腰流飞瀑，时而脚吐温泉，湖光山色，相映成趣。曾树立在池边的一碑，刻下了"苍松翠柏长生地，绿水青山古洞天"字样，横额"保佑一方"。

据当地民间传说，池水"东连大海水，西通嘉陵江"，有条白龙在池中修炼成仙。2006年，经专家组考察认定，白龙池就是火山的喷发口，是全国四大火山口湖之一。其他三池分别为吉林的长白山天池、新疆天山天池、台湾的日月潭。

白龙池周围群山环抱，地形开阔，植被繁茂，颇有"闲上山来看野水，忽于水底见青山"的意境。风平浪静之时，悄悄来这里的朵朵白云窥视着自己水中的容貌。起风时，湖面碧波粼粼，岸边摇曳的芦苇和倒映在水中的山林都纷纷起舞，加上戏水的野鸭与众鸟的伴唱，使幽邃的山谷马上活泼了起来，优雅幽静中又给人勃勃生机之感。如在这里垂钓，那真有神仙般的乐趣。

这里还是各种野生动植物的天堂，大洪山茂密的森林资源和适宜的气候特点，吸引了大量的鸟类迁徙经过、栖息、繁殖。白龙池湿地的野生动植物资源十分丰富，茂盛的水草、宽阔的水域、成群结队的候鸟构成了这种和谐的生态环境，使其成为镶嵌在楚北大地上一颗耀眼的明珠。

这里海拔高程适中，空气中的湿度相宜，你可以在这里观赏到杜鹃花、山桃花、野百合花的倩影，还能品尝到野生猕猴桃、水芹、虎杖等众多野生植物的风味，如有口福，还能品尝到白龙池中鲤鱼的鲜味……

## 绿林山

绿林山风景区为国家4A级旅游景区，是大洪山国家级风景名胜区的核心景区,于1988年和张家界、九寨沟同一批经国务院批准为国家级风景区。它位于京山县北部的绿林镇、大洪山南麓,景区面积120平方公里。这里因中国历史上著名的第二次农民大起义"绿林起义"发生于此而得名,也是东汉开国君主刘秀的发祥地,"绿林好汉"一词正是源于这里。

　　被誉为神州第一浪漫漂的鸳鸯溪、秀美赛过九寨沟的人间瑶池美人谷、天下第一古兵寨、拥有世界一绝石编钟的地下乐宫空山洞于景区内汇集。美人谷位于绿林镇东南1公里的万福河峡谷中,是一个以水为主题的峡谷探秘型生态休闲游览区,由一系列奇石、幽洞、深潭、瀑布组成,被誉为"湖北新九寨"。其中由数十个气势磅礴的瀑布组成的瀑布群,为我国绝无仅有的惊世奇观。其中典型的代表美人瀑,从26米的直壁山体飞流直下,轰鸣激荡。更有美人潭、美人池、觅

京山县绿林寨——美人谷千工坝

芳潭、明代古渠、天桥等景点，山涧流水，风景独好。绿林山文化厚重，山水旖旎，集观光、访古、养生、度假于一体，是华中地区受欢迎的旅游胜地。

绿林山有着广阔的原始森林，植被覆盖率高。其海拔高度适中，夏季年平均气温比武汉、荆门等地市区低5℃以上，空气中的负氧离子含量较高，是华中地区的"天然氧吧"。其饮用水源来自大洪山深处的白龙池，含丰富的人体所需的锌、铁、钙等矿物质，远离工业污染，无须加工可直接饮用。因为地处大别山腹地，绿林山景区不仅能够清心、醒目、怡情、休闲度假，还是洗肺、清肺、养肺的天堂。景区更是中国的观鸟天堂，各种珍奇禽类与人们和谐相处。山上还有丰富的营养价值极高的野生木耳、香菇、板栗，人们在观赏采摘的同时，还能像陶渊明一样体验田园式的牧歌生活。因为绿林山在上古时期为火山活跃地带，所以当地有大量的天然温泉，水温适宜，富含矿物质，是华中地区理想的温泉疗养胜地。同时这里还是著名的长寿之乡，百岁以上的高龄老人数量很多。

## 太子山

太子山地处江汉平原与大洪山南麓的交会处，是国家级森林公园，"中国农谷"核心区的绿色生态屏障。它位于京山县的西南部，总面积7930公顷，因其森林覆盖率达85%，所以被人们誉为镶嵌在荆楚大地上的一颗璀璨的"绿色明珠"。

太子山因明代嘉靖皇帝年少时曾在此狩猎而得名，景区气候宜人，自然资源丰富。走进林海浩瀚、绿意盎然、空气清新、四季如画的太子山，就能体验"天然氧吧"的惬意。露营拓展、溶洞探险、森林越野、自然狩猎等活动又给您带来特色旅游之趣。

王莽洞是一个神奇的地下探险溶洞。它深达千米，洞中有洞，险中有险，进洞后，或攀岩而上，或猫腰而下，最后还须匍匐而行，天地人间融为一体，令人叹为观止。

鬼斧神工的石仓雨林，是中南地区喀斯特地貌中独一无二的原生态景观，它是"石头的仓库、树木的世界、藤蔓的海洋"，人们在领略"石抱树，树抱石""树死藤生缠到死，藤死树生死也缠"的奇景时，往往会感叹大自然的神奇。

藏佛洞——隐藏无穷玄机的天然佛洞，因洞内有佛像而得名。洞顶"天眼"时有阳光照入，似灵光显现，洞顶黄色彼岸花初秋开放，更让此洞增加了神奇色彩。出洞时蓦然回首，便能体会到"人生轮回、佛仙凡尘突转"的玄妙。

丛林勇士——挑战自我的树上穿越，这是一项健康时尚的绿色户外活动，适合于团队拓展、亲子交流。当你通过林间一个个难易不同、风格迥异、超强刺激的关卡，能体验高空中挑战自我的快感，并获得在树上攀爬与林间穿越的刺激感，感受极限运动的乐趣！

森林"氧吧"园——花开四季的林中花园。它占地300余亩，园内有百合、玉簪、映山红、郁金香、海棠等近百个品种的花卉，是人们休憩养生、润肺清心的绝佳游览胜地。徜徉花海中，听鸟鸣，品花香，任蜂飞蝶舞，享人间美景。

仙女紫薇园——紫薇花景观带上的节点。千亩紫薇夏秋之间争相开放，红的、白的、紫的，一簇簇、一团团，徜徉在紫薇花亭、八百米紫薇长廊，让您在一片花海中流连忘返。

森林狩猎场——华中地区唯一狩猎基地。3000亩围栏封闭猎区内，猎枪打猎、弓弩射猎、陷阱捕猎等多种狩猎方式，带给您的是无限激情和快感。另外还有飞碟、室内射击及其他多种形式的打靶，满足您不同层次的需求。

野生动物园——与动物亲密接触的首选。这里，您可以近观羊驼、骆驼、野马，远观狮子、老虎、黑熊，更能亲近孔雀、松鼠、猴子等野生动物，体验人与动物的和谐之美。

亲近大自然，走进太子山，让您和家人、朋友畅享一段休闲，体会一种态度，感受一场生活。

## 黄仙洞

黄仙洞又称"黄金洞"，是大洪山风景名胜区的核心景点之一，为国家4A级旅游景区。它坐落在钟祥境内，地处大洪山脉南麓，距郢中镇66公里，被誉为"天下第一洞府，人间罕见云盆"。"黄仙山里黄仙洞，高广悠深气势宏，天下第一清誉远，迎来游客探峥嵘。"就是描写黄仙洞的诗篇。《大洪山志》卷五"形胜篇"中也有记载，曰："洞之山为黄仙山，相传黄石公憩此，故名。"

黄仙洞面向西北，全长2000余米，洞口壁高100米，宽70米。据史料载："黄仙山在山南麓。其下有黄仙洞，豁然明旷，有龙潭，深不可测。"洞内跌宕起伏，蜿蜒曲折，在地下水和天然水的溶蚀作用下，丰富的石灰岩石柱经过极其漫长的地质发展历史，形成了十分奇特的喀斯特地貌特征和极其独特的洞天石林景观。黄仙洞内钟乳石比比皆是：石针、石矛、石笋、石柱、石幔、石瀑，分别呈红、黄、白、褐等色，形态各异，如玉似翠，色彩绚丽，让人目不暇接。

经中科院地理研究所、国际旅游洞穴协会认定，黄仙洞内拥有四个世界级景观：石将军溶蚀石牙、三拱门景观、边石池大厅、钙膜片边坝。尤其是边石池，洞厅内面积2万平方米，气势恢宏，被赞为世界溶洞一绝。

黄仙洞洞内的景点有大鹏展翅、蝶戏熊猫、锦绣河山、仙鹤顶月、古榕迎宾、龙潭飞瀑、黄仙宝塔、黄仙画廊、海豚跃江、黄仙华盖、双象戏水、唐僧打坐、仙人指路、济公仰天、云天飞瀑、石将军把关、忠狗牧羊、杜甫草堂、罪蝉鸣冤、文峰塔、蘑菇金山、金蝉脱壳、雄师回首、少女攻读、吉林雾凇、神牛饮水、蛇王迎宾、龙王出宫等。观后使人触景生情，羡天功之造化，叹人力所不及，更钟情于造化给人

钟祥黄仙洞　张发清摄

带来的美感，使人浮想联翩。

黄仙洞景区古往今来云集佛道僧士，荟萃骚人墨客，为世人留下了众多的摩崖壁画、碑碣石刻，因此人文景观和自然景观极为丰富，同时还兼具较高的地质和科学考察价值，实为世间难得的佳境。

四面绝壁合围的娘娘寨，位于黄仙洞出口。这里古树参天，峰峦叠翠，溶洞群集，溪流纵横，深潭遍布。娘娘寨景区中成片的古银杏群落、享誉盛名的高山云雾茶、漫山遍野的奇花异草、众多佛道僧士及骚人墨客的碑刻壁画、神秘的人口不变村落、悠久的历史传说，都使其形成为一个集自然生态、历史人文为一体的著名旅游区。据《钟祥县志》《大洪山志》等古籍记载，娘娘寨距今已有两千多年历史。现今这里有一处仍保存完好的古民居村落，有各类文物保护单位7处。

娘娘寨村自然环境优良，植被覆盖率高达93%，树龄在500年以上的古树达200多棵，其中有国家重点保护树种银杏、鹅掌楸、核桃、楠木等，还有对节白蜡、古银杏、古榔榆、古松树等植物群落28处。因为生态环境良好，此地成为许多珍稀动物的栖息地，包括金钱豹、娃娃鱼、穿山甲等多种国家一二类保护动物。

娘娘寨地貌奇特，传统古村落聚居区水没平以喀斯特盲谷、四周喀斯特低山丘陵为主要的汇水盆地，与黄仙洞自然相连，形成了典型的喀斯特地貌。其周围还分布着鸽子洞、盆子洞、桃花洞、牛鼻洞等溶洞。娘娘寨名泉溪流遍布，气候宜人，年平均温度12.3℃，被专家评为"最适宜人类生存的世外桃源"。

## 第六节 清凉世界，养生九宫

九宫山，地处湖北省东南部咸宁通山县，横亘鄂赣边陲幕阜山脉中段，为国家级自然保护区、国家级风景名胜区、国家4A级旅游景区、国家地质公园，是我国道教名山、避暑胜地。

### 概说九宫山

九宫山，幕阜山脉之名山，总面积196平方公里。幕阜山脉中的最高峰为九宫山的"老鸦尖"，也叫"老崖尖"，海拔1657米，是我国中南地区最高峰之一。九宫山四季气候宜人，夏季最高气温不超过30℃，年平均气温11℃。"三伏炎蒸人欲死，到此清凉顿成仙。"清凉世界，养生九宫，这里是华中地区理想的避暑胜地、养生天堂。

九宫山雄奇险峻，景色迷人。燕山运动时期形成的九宫山，是褶皱断块山地，属断层山地形冰川地貌，因而形成奇峰耸峙、幽谷纵横、泉瀑奔涌、云雾飞荡的奇妙景观，享有"庐山天下秀，钟灵数九宫"的赞誉。九宫山竹海似涛、古木参天，汇云海、瀑布、奇松、秀竹于一体。此地春可赏花，夏来避暑，秋赏红叶，冬踏白雪，既有南国山峰的俊秀，又有北国风光之壮美。"重重叠叠山，曲曲环环路，高高下下树，青青翠翠竹，叮叮咚咚泉，飘飘洒洒雪"，这是古代文人对九宫山一年四季美景的真实描写。九宫山是负氧离子含量极高的天然大"氧吧"，其植被覆盖率高达96.6%，6.2万亩的森林每年散发3000多万吨水汽，使九宫山遍地喷泉飞瀑，四季溪水潺潺。九宫山于2007年8月经国务院批准，列为国家级自然保护区。云瀑、泉瀑、竹瀑所带来的气爽、清爽、凉爽之感为九宫山的最大特色。

曾作为我国历史上五大道教场地之一的九宫山，与青岛的崂山、江西的龙虎山、四川的青城山、湖北的武当山齐名。同时，这里又"一山藏两教"，有着扬名国际的阿弥陀佛道场无量寿禅寺，享有"人间极乐世界"的美称。据宋代《太平御览》记载，公元569年，南北朝时期南陈陈文帝的第二个儿子陈伯恭为避战乱，曾率领兄弟九人，在山上建立了九座行宫，分别为混元宫、八卦宫、青龙宫、白虎宫、斗姥宫、无为宫、三清宫、七真宫、移花宫，因此后人称其为"九宫山"，

九宫山全景图

此地为道教的开端。

九宫山也是李自成的殉难之地。明末起义的农民军领袖李自成兵败武昌，率领军队行至九宫山下，安营扎寨于上汤境内，以图东山再起。1645年，当军队转移至山北时，李自成遭遇通山团练武装攻击后不幸被害。他死后，埋葬于九宫山西麓。1955年，根据政务院和湖北省政府的指示，通城县人民委员会在九宫山的北面原李自成墓址上重修了李自成墓，郭沫若同志还题写了墓志铭和"李自成之墓"碑石。而后，通山县又于高湖乡小月山下新建了闯王陵，为国家重点文物保护单位。闯王陵主要由门楼、墓冢、祭台、陈列馆等组成，馆藏陈列有李自成生平、特殊资料和金马镫等珍贵文物。后政府曾多次对其进行维修，并增建了拱桥、层台、花坛、休息厅等建筑。其墓后耸立着下马亭，还有落印荡、激战坡等遗址。

九宫山的主要景点有泉崖喷雪、青松迎宾、云湖夕照、真君石殿、伏虎天门、云海波涛、云关石刻、陶姚泉洞等，景观变幻万千，令人赏心悦目，流连忘返。在这仙境般的山水间，观彩云、踏翠林、戏碧水、拂清风、听鸟啾、闻泉鸣，一切烦忧俱忘、名利皆丢，你就会真正返璞归真，与大自然融为一体。

## 云中湖

云中湖因常有云团飘于湖面，故有此名。因湖中白云浮于水面一触即起，又有"天心湖""吻天湖"等浪漫的名字。

云中湖为九宫山景区的精粹景点，位于海拔 1230 米的凤凰岭上，湖面面积 100 多亩，海拔高度仅次于新疆天山天池和长白山天池，是我国高山湖泊中的佼佼者。

云中湖旧称"龙潭"，因其像一块镶嵌在凤凰岭盆地中的明镜，故有"龙潭皓月"的胜景。古诗云："老龙潭里老龙游，最喜潭空月色留。鼓浪顿教冰镜动，扬髻好趁桂花浮。"清澈灵动的湖水，碧空如洗的蓝天，一点一滴都美得那么彻底，那么纯净。

云中湖南有笔架峰，东依清风岭，西临龙斗崖，四周环列，将湖水合围其间。湖中心有一座浑然天成的小岛，名曰"龙珠山"。早年的龙珠山建有雕梁画栋的龙神殿，供奉九宫龙神。1204 年，南宋宁宗皇帝曾御书"神应"二字，供奉于龙神大殿，此建筑毁于 1930 年。龙珠山的"灵泉"是一眼能听人呼唤的间歇泉。1257 年，南宋理宗帝封灵泉之龙为"敷

九宫山云中湖

泽侯"。1266年,理宗皇帝又加封其为"普济侯"。可惜这眼受过皇帝封赐的名泉,现已被湖水淹没,不禁让人感到惋惜。

## 金鸡报晓

金鸡谷景区是九宫山西侧自然保护区内的一片原始森林,一个风景优美的绿色世界。景区内莺歌燕舞,彩蝶纷飞,遍地葱郁,为九宫山风景精华之地。

金鸡谷群峰高耸,古木参天,是植物王国、动物世界。一些世界级濒危物种在此大量存活,包括南方红豆杉、香果树、鹅掌楸、钟萼木、紫茎等25种珍稀植物,其中安坪鹅掌楸是我国最大的鹅掌楸。据科学考察,这里的野生动物有160多种,其中17种为湖北新发现,比张家界还多出7种。

位于金鸡谷景区樱花沟入口处的"鄂南第一龙潭",潭上索桥横贯,溪水在两侧汇集,峡谷处一线穿珠的深潭飞瀑,十分秀美。"双龙瀑布""玉龙投峡"成为这里的绝妙景观。樱花沟峡幽谷深,林茂泉涌,每年3月,这里就是樱花的海洋,或红或白,或丛或片,把整个峡谷两岸装点得五彩斑斓。

"仙人簸米"是龙潭的第二条瀑布,位于龙潭上方500米处。当地人管其叫"仙人簸米"或"白龙下山",游人称其为"五叠泉"。溪泉交错,瀑潭汇融,自山谷奔泻而下,落差200余米,连天接地,重重叠叠,气势壮美。悬崖顶上的一块岩石,宛若一位仙女弯腰俯首,那翻腾不尽的白色瀑花,如珠如线,似玉似花,像仙女簸下的白米。远观白练飘逸,如梦如幻;近看珍珠飞泻,如雪如纱。

在这原始森林的一处峡谷里,有一座七八米高的小石峰,峰顶上同样有块七八米高的金黄色岩石,在阳光照耀下,就像一只金色的雄鸡立于山顶,朝着东方,昂首翘尾,引颈长鸣。两条溪水在金鸡岩下呼应对歌,不止不休。

## 石龙奇峡

石龙峡景区是九宫山风景区的核心部分,在三峰山北麓,是一条南北向的山谷。整个景区由石阶、石径贯通,石阶多达五千余级。为跨越山溪河谷,峡中建有多处石拱桥、铁索桥、跳石、栈道等。景区中以崖、石、树、瀑、潭、桥等组成多彩的自然景观。明代礼部侍郎朱庭吏在通山县所筑的两崖行窝与明末清初懒拙和尚的野居处都在北山谷中,是很重要的人文遗址。

石龙峡如一条首尾摇摆的石龙,半浮于溪水之中,欲逆

石龙峡

水而上。据传说，龙湫中的小龙欲乘水雾飞出沟外，跃出门后化成了鲤，小龙后悔莫及，便赶快回头跳转到龙门之上，虽复化为龙，然已筋疲力尽，无力再进入水中而化为石龙。乡人正是因为有这条石龙的存在，才将此沟取名为"石龙峡"。在石龙峡的石壁上还刻有一个很大的"龙"字，是宋朝著名书法家赵孟頫所写。据说，当时赵孟頫来到这个地方，听到关于石龙峡的传说，就在这个地方写了一个"龙"字，当地称它为"归龙图"。

整个石龙沟生命的脉搏是石龙峡的溪水和瀑布，潺潺流水带给人们许多感慨。清澈见底的碧水清潭让你获得视觉上的愉悦，心旷神怡，放松因城市间长久噪音喧嚣、雾霾困扰的心弦；饮一口甘甜的溪水，沁人心脾，荡气回肠；在自由又有节律，仿佛不会终了的流水声中，你可以发挥无尽的遐想；用清凉的溪水洗面养颜胜过所有的护肤品，因为对心灵的保养才是真正永葆青春的最好方法。

"翠寿坡"在石龙峡的下段，以寿木和大片混交林群落为主体。它位于九宫山石龙峡景区上段东南侧，因坡上遍布着百年以上苍翠古木而得名。说到"翠"，是因为这里保存了发育良好的亚热带森林体系的典型性常绿、落叶、阔叶混交林和以黄山松为主的温带性针叶林，使得景区四季如春。九宫山是物种的基因库，也是华中地区保存最好的绿色宝地之一。而石龙峡则是"宝中之宝"，同时也是绝佳的养生休闲避暑地。

## 中港十八潭

"中港十八潭"是一个以池潭为主的新景区，地处九宫山中港民俗村，上通无量寿禅寺，下达中港民俗村，里程约4000米。全景区下部为深长峡谷，中间平坦舒缓，上部弯曲绵长。景区两侧的山峰耸立，连片的修竹遍插其间，一潭连一潭，一潭高一潭。池潭形状各异，各有特点。十八潭的名字也高雅别致，吸引着游客慕名而来，如贞节潭、鸳鸯潭、牛郎潭、织女潭、芳心潭、仙姑出浴潭、丹桂潭、明月潭、相思潭、玉龙怀春潭、羞花潭、闭月潭、圆梦潭、情侣潭、君子潭、念慈潭、碧剑潭、星斗潭，步步为潭，处处有池。深涧绝壁间架设着木制拱桥、竹制吊桥，水势或急或缓，景致动中有静，瀑布奔涌的动感伴随着或清脆叮咚，或震耳欲聋的泉水声，使原本寂静的峡谷变得欢快起来，充满无限灵动与生机。

## 一山藏两教

九宫山是集道教佛教于一体的名山。在1400年前的隋朝，陈伯恭修建了九座宫殿后，被隋文帝杨坚召回长安做官，于九宫供奉九真。但是九宫山道教真正的兴起是北宋时期，著名道人张道清奉谕旨，在九宫山上开辟道场，修建了三宫十二院共100多间道观，有3000多个道士在此清修，来自两湖江浙一带的朝拜香客络绎不绝。张道清也被后人尊为九宫山的开山道祖，陆续得到了7个皇帝的17道赐封。他死后，其尸体以腊尸的形式保存了下来，在石殿里保存了648年。可惜的是，从南宋到鸦片战争的700年间，中国封建社会的农民起义、朝代更迭交织起伏，九宫山道场也因此遭受了不同程度的人祸天灾，屡建屡毁。一直到太平天国起义时，太平军将领林启容率兵上山，因宗教信仰的不同而烧毁了道场，并捣毁了保存多年的腊尸，九宫山从此山灵空寂。

九宫山也是阿弥陀佛祖道场（也称"无量寿佛"，阿弥陀佛为佛中之王、光中极尊），因无量寿禅寺而名扬海内外。公元618年，唐伏虎禅师在此建了道场，弘扬佛法。那时九宫山就日进香客千人，佛号广传十里，享有"人间极乐世界"的美称。岁月荏苒，几度兴衰，1984年，圣钦大和尚回到家乡九宫山，复兴道场，使梵宫佛光再现世间。在圣钦大和尚20多年的努力下，从海内外募集了6000余万元资金，使无量寿禅寺成为鄂南地区面积最大、历史最悠久、建筑群最壮观的道场。整个庙宇占地面积2万多平方米，建筑面积1万多平方米。寺院内有露天大佛、极乐桥、天王殿、大雄宝殿、弥陀宫、念佛堂、法堂等佛教建筑，两侧有阶梯式僧房建筑共300余间。

## 第七节　极目楚天，群山荟萃

湖北的山，山连着山，山依着山，山外还有山。这些山，或险或峻，或文或武，大美无言，沧桑不语，都承载着一段历史烟云，寄托着一方人文雅韵。

### 武汉龟蛇二山

**龟山**

龟山前临浩浩长江，北揽一衣汉水，西与月湖相倚，南和莲花湖相依，盘踞于武汉市汉阳城北。毛泽东有词云："龟蛇锁大江。"其威武壮观之势由此可见。

相传大禹治水于此，数载未能将一水怪制服，后幸得灵

龟山

龟相助，治水取得成功，灵龟化为一山。《禹贡》中记载道，龟山原名"大别山"，后由于东吴大将鲁肃衣冠冢在此，取"鲁山"一名，并沿用至明。有明一代，皇帝尊崇玄武并封其为帝。玄武又似龟形，这吸引了时任湖北巡抚王俭的注意。王俭于是奏请朝廷将鲁山改名为"龟山"，朝廷准之。

拉开历史这张长长的画卷，我们可以看到，龟山这块土地上上演了无数的历史故事。自三国到近现代，险峻的地理形势使龟山成为兵家必争之地。三国时东吴凭借此要塞之处，与曹兵形成对峙之势，并上演了几番血战；太平军横扫武昌之时，龟山一带也成为战场所在；在辛亥革命中规模最大、战斗最激烈的"阳夏保卫战"中，义军首控龟山以向北推进；抗日战争之时，龟山上凝聚一股抗战激情，不断将高射炮射向敌人；龟山作为军事重地的地位延续至20世纪70年代。硝烟散去精魄在，楚云悠悠大江流，历史的厚重感于此沉淀下来，成为中华民族宝贵的精神财富。而龟山又恰好与黄鹄山隔江相对，前者如龟形，后者呈蛇状，前者重武，后者崇文，两山相望使得武汉三镇更增一份独特的韵味和情趣。

龟山上的名胜古迹可谓琳琅满目，比如禹王宫、桃花夫人洞、桃花夫人庙、关王庙、关羽遗迹洗马洞、鲁肃墓、太平兴国寺、藏马洞、桂月亭、状元石、月树亭、罗汉寺、龙祥寺、鲁肃墓、向警予烈士陵园和红色战士公墓，等等。

蛇山

蛇山又名"黄鹄山"，位于武汉市武昌区长江南岸边，与龟山隔江相望，坡陡且狭长，形势险恶，恰如诗中所云："烟雨莽苍苍,龟蛇锁大江。"

　　从三国至元朝,蛇山的名称发生多次转变。三国时称"江夏山",又名"紫竹岭"。北魏时又称"黄鹤山",宋朝改称"石城山",元朝时又取"长寿山"一名,明朝时更是被誉为"金华山"和"灵山"。为什么今又有蛇山之名呢?大概是出自南宋诗人陆游的《入蜀记》中"缭绕为伏蛇……"一语,所以后世之人将之称为蛇山者居多。到乾隆时期修纂《江夏县志》,其中有蛇山之名。直到1909年,《湖北省城内外详图》中正式标名为蛇山。

　　三国时,吴黄武二年(223年)孙权在江夏(今武昌)依山筑城(尚有遗址可辨),并在黄鹄矶头建成黄鹤楼。自此,江夏古城风貌更为壮丽,黄鹤楼也被誉为千古绝景,位列江南四大名楼之一。唐代著名诗人崔颢游览至此,见此眼前美景,情不自禁作出千古名作《黄鹤楼》:"昔人已乘黄鹤去,此地空余黄鹤楼。黄鹤一去不复返,白云千载空悠悠。晴川

蛇山

历历汉阳树，芳草萋萋鹦鹉洲。日暮乡关何处是？烟波江上使人愁。"后来李白据说也登上黄鹤楼，有人请他为楼题诗，李白说道："眼前有景道不得，崔颢题诗在上头。"可见，黄鹤楼确实让世代文人多有感慨。

蛇山有"鄂之神皋奥区"的美称实在不虚，因为这里还有八极楼、白云楼、一览亭、留云阁等20多处景点，吸引了历代名人如崔颢、孟浩然、李白、白居易、王维、陆游等，他们先后登临游赏，行吟作歌，留下颇多佳作，增添了此处的文化底蕴。现存胜迹可供参观游览的有：蛇山之巅的黄鹤楼、蛇山南麓的陈友谅墓、蛇山南腰处纪念张之洞的抱冰堂、蛇山中部顶端的岳武穆遗像亭（简称"岳飞亭"）、长江大桥引桥东头的胜象宝塔、蛇山尾部武昌大东门外的长春观，以及许多重要的石刻碑刻等为后世所熟知的遗址。

## 黄陂木兰山/木兰天池/木兰草原/木兰云雾山

作为国家5A级旅游景区，黄陂木兰文化生态旅游区由木兰山、木兰天池、木兰草原和木兰云雾山四大片区构成，地处木兰故里——武汉市黄陂区，是全国唯一全面、完美展示木兰文化的旅游胜地，也是华中地区最大的城市生态旅游景区群。

### 木兰山

木兰山向北倚靠大别山，向南俯瞰江汉平原，奇峰突兀，沟壑纵横，蜿蜒崎岖，气象万千，春夏秋冬，风光独特。春秋时节，浩瀚无垠的白雾笼罩木兰山，好似一座神山；夏季，瀑布、清泉与山谷、飞鸟使得宁静之处又有生机之色；冬日，万树挂玉，晶莹剔透，白雪皑皑，纯净至极。木兰山地质构造独特，地质资源世界少有，为国家地质公园。这里埋有距今长达7.5亿年历史，广泛分布又保存完好的木兰山蓝片岩，地质专家称之为解决中国中央造山带的金钥匙，毫无疑问这里是地质科普游的重要基地所在。

木兰山自古就有"南瞻鄂渚通王气、北顾中原锁帝乡"之誉，"西陵最胜，盖三楚之极观"更是明代诗人屠达所赞之词。这里山灵水秀，自然景观丰富，人文资源浓厚。

木兰山一名始于南齐永明三年（485年），因木兰将军而得名。《木兰辞》记载了少女木兰女扮男装，代父从军的故事。木兰家住青狮岭（今木兰山）山北10余里的龙镇，她在沙场骁勇征战12年，屡建奇功，为国尽忠，不辞辛苦，归朝后被封孝烈将军。然而木兰谢辞，一心只求归还故里，侍奉年迈

木兰山

双亲。木兰死后，葬于木兰山北。后人被其忠烈和孝顺打动，纷纷为其建祠、立庙、树坊，以享香火，并先后启建了木兰殿、将军祠、木兰将军坊。因此，此山也更名为"木兰山"。

木兰山是佛道两教聚集之所，两教和睦相处，共享文化圣地。山间有一条千年古寨盘旋于悬崖峭壁之间，形成如游龙般的长城，全长2.5公里，原是抵抗外来入侵的防御设施，现在成为佛道两教的分界线，寨墙上为道教区，以下为佛教区，互不干扰，这在全国都属罕见，极具特色。木兰山庙宇始建于隋，盛于唐和明清，每年数以十万计的善男信女朝山进香，特别是每年农历二月十九日的观音生辰和八月初一的木兰庙会，更是香客云集，一片热闹景象。

## 木兰天池

黄陂木兰天池景区，山清水秀，瀑布飞流，呈现的是一种山水交融的湿地生态。这里有一条奇妙的大峡谷，集中着飞瀑、溪潭、怪石和奇木，十步一景。峡谷两头挑着明镜一般的高山湖泊，一大一小，遥相呼应，仿佛群山的明亮之眼。山脚下，天池古镇依河成街，桥街相连，一派"小桥流水人家"的幽静景象。山顶上的朱家山寨相传是木兰将军外婆家，寨子绕湖而建，青砖黑瓦、雕石门楣的明清式古民居掩藏在满山的绿色里。

据当地百姓口头相传，木兰天池是木兰将军的外婆家，"木兰与白龙"的传说更是家喻户晓。木兰将军的英名也给这里的景致增添了几分灵气和神韵。天池半山腰有一处双龙池，相传木兰将军小时候，在该池喂养两只受伤的鹅，百姓有感于木兰的善良，便在池边雕刻了两个龙头守护。如今，池里已没有了游弋的双鹅，双龙喷水石刻却依然存在，池水从不枯竭。离双龙池不远，还有一处降龙石，相传是木兰降服作恶小白龙的地方。还有聪明泉、龙脊石、三道门、面壁洞、龙马石、穿瀑崖……无一不留下木兰的足迹，让这片山崖一步一景，一景一传说，更添几分天池神韵。

除了沉静的湖水，木兰天池还设有滑草、滑索、滑道、攀岩、蒙古包、跑马场供人们休闲娱乐。湖上飞索是一种新兴的娱乐项目，滑索充满了速度感和刺激性，几千米的天池水面数秒钟一滑而过，恍如踏云而飞的散花仙女，或从天而降的天兵天将。木兰天池景区内的素山寺国家森林公园，有一条近5公里长的森林火车线。在朝阳的映衬下，在斑驳、巨大的树木投影中，小火车在山谷间蜿蜒疾驰。坐在车厢里向窗外眺望，层峦叠嶂的大山、古木参天的林野在眼前浮现，清洌的空气夹杂着树脂的清香迎风扑面而来，徐行之中，边赏美景，边享受森林"氧吧"带来的惬意，快活之感油然而生。

### 木兰草原

木兰草原距武汉中心城区42公里，这里空气清新，草地绿幽，蓝天白云下处处显示着浓郁的民族风情。木兰草原芳草遍地，一望无际，真有些"风吹草低见牛羊"的感觉，绿草如茵的草原上点缀着繁星点点的蒙古包、奔驰的骏马、游动的勒勒车、铃铛声声的骆驼队，置身于此，仿若置身塞北边疆。

来到木兰草原，定要欣赏原汁原味的蒙古歌舞，亲身体验草原牧民的热情奔放。在木兰草原上奔跑着很多来自内蒙古的良驹,你可以骑在马背上体会风驰电掣的感觉。骑马不射箭犹如吃肉不喝酒,感受不到那份浓郁风情,观马亭旁的箭馆,就能让你感受到何为"弯弓射大雕"。

　　来到木兰草原,肯定想尝尝蒙古的美食!来自蒙古的专业厨师,将为你奉上蒙古族正宗的全羊席、烤全羊、手把肉、风干牛肉等美味佳肴,你在这里还能喝上蒙古厨师现熬现制的蒙古奶茶及香飘四溢的马奶酒。而在这些美食中最值得一提的是历史悠久的烤全羊。相传烤全羊是成吉思汗当年在征战胜利时用来犒劳有功大臣的,它的吃法也有很多的讲究和礼节,因此也让这道美食更具特色。

木兰草原

## 木兰云雾山

木兰云雾山是邻近武汉最大的郊野公园，享有"西陵胜地、楚北名区、陂西陲障、汉地祖山"之美誉。她是木兰景群中最幽深、最原始、最神秘、最纯粹的生态景区，险峰幽谷，泉涧相间，河溪纵横，滩潭点缀，遍布奇花异草。这里还遗存了历代兵家博弈的城寨，以及迄今保存最完整的楚长城遗迹。值得一提的是，这里还是花木兰将军功成身退的归隐之地。这里的风景，无一不带有历史的印记，山水之间，尽可体味千年历史的风云变幻，感受荆楚文化的独有魅力。

十里花山，杜鹃花海。木兰云雾山风姿绰约，晨昏迥异，四时不同，无论何时去观山看景，总会让人有意想不到的惊喜和收获。特别是阳春三月，这时的春风犹如一道道号令，让山上的迎春花、梨花、杏花、杜鹃花、玫瑰花竞相开放。木兰云雾山上的杜鹃花有1万亩之多，而且都是生长期在百年以上的野生杜鹃。每逢4月，杜鹃花就会铺排在山顶、山坡、山腰，漫山遍野开放，红白相间，艳丽多姿，如绚丽的云霞，更是烂漫的花海。

鬼斧神工，泥塑之乡。木兰云雾山风景区所在地泡桐乡是"中国泥塑之乡"。景区内建有一幢黄陂泥塑民间艺术馆，馆内分别有泥塑的创作、塑制、上色、成品等工作间，也会有艺人现场表演的舞台布景。现在，这里的泥塑产品行销全国，并受到海外游客的喜爱。黄陂泥塑的发源地就在不远的泥人王村。泥人王村曾为泡桐王氏祖屋，面积1000多平方米。房屋全是干砌石墙，住宅靠山临水，式样古朴。据史料记载：

"先有上古，后有归元。"所谓"上古"，即指木兰云雾山岭上的上古寺。汉阳归元寺五百罗汉就是出自黄陂王氏父子之手。

藏在深山，楚城遗址。木兰云雾山有一处难得的楚文化遗产，那就是仅存的楚长城遗址。现在的楚长城长约25公里，位于木兰云雾山之巅，山壁陡峭，无路可行，寻常人难得见到楚长城的真容。据说，秦始皇所修万里长城的技术及技工，就是楚国提供的。景区内还有龙王尖古寨，位于东部的龙王尖山顶，该古寨建于明朝中期，城墙倚峰踞岭，蜿蜒盘桓，全部由石片、石块干砌而成，全长约12公里，圈地15平方公里，城中共有石屋遗址1200余处。

"人人都说木兰好，木兰故里好风光"。来武汉旅游，不妨从木兰始。放下繁杂来一场与山的对话，与湖的倾听，与花的对望。

## 黄石西塞山 / 东方山

### 西塞山

作为省级风景名胜区，西塞山坐落于湖北省黄石市区东部长江之滨，雄踞一方，自古就有"樊楚三名山"之一的美称，属于古战场、古文化旅游观光自然风景名胜区。

三国时期，不论是孙策攻黄祖，还是周瑜破曹操等上百次战争皆发生于此。多少英雄儿女，又有多少烟云往事，尽为历代文坛才子所吟咏悲叹，尤以唐代著名诗人张志和的《渔歌子》和刘禹锡的《西塞山怀古》为千古绝唱。好一个"青箬笠，绿蓑衣，斜风细雨不须归"，好一个"人世几回伤往事，山形

西塞山

依旧枕寒流。今逢四海为家日，故垒萧萧芦荻秋"！

　　景区内亭台错落于巅坡山谷，廊庙分布于江畔林中，盘桓的小径由石头铺就而成，桃花滑落于流水中缓缓流淌，清澈见底的水中鱼儿畅快地游荡，如此美景宛如一幅水墨山水画卷。下山后，可看到东汉古黄石城即道士洑古镇，当地省级非物质文化遗产如送龙舟和放生节等古民俗活动一代代流传下来，犹如山中的流水，隽永绵长，久盛不衰。景区主要景观有牌楼、西塞残雪、古炮台、北望亭、报恩观、一线峡、桃花古洞、元真子钓台、龙窟寺等。

### 东方山

　　作为国家 4A 级旅游景区、省级森林公园，东方山位于湖北省黄石市下陆区西北部，距离黄石市区 15 公里，属于宗教朝圣与旅游休闲度假的自然风景区。

　　东方山方圆 18 平方公里，气候适宜，四季分明，环境优雅，景色别致。亭台楼阁错落有致，佛塔寺院熠熠生辉。分布有千年银杏、试剑石、石船高撑、走马古寨、道洞云停、灵泉卓锡等景观30余个，被世人称之为"三楚第一山"以及武汉市的"后花园"。

## 襄阳大荆山 / 鹿门山

### 大荆山

大荆山，横贯东西，位于湖北省西北部、武当山东南、汉江西岸，横跨荆门、襄阳、十堰等多个地市，属大巴山系的重要山脉，占地面积大约3100平方公里。因满山生长着荆条（灌木），所以得此名。

大荆山是荆楚文化的重要发源地，集多种多样的古寨、风趣独到的古镇、古朴神秘的古寺等人文遗产以及香水河、龙王峡、七里山、金牛洞、九路寨、南河小三峡、水镜湖、鱼泉河等自然遗产于一身。更有筚路蓝缕之熊绎、抱璞泣玉之卞和、举贤荐能之司马徽，可谓是人杰地灵之地。身处此山中，仿佛能听到藏在大山深处的锣鼓声，仿佛能看到原始而撩人心弦的端公舞，仿佛能感受缭绕于山间不绝的巫音……丰富而又珍稀的动植物与人文景观一同构成了一幅美丽的画卷，使这里成为极具特色的生态旅游区，不断吸引着外来人的好奇心与观赏欲。

### 鹿门山

鹿门山位于襄阳市东南方向，西临汉水，距市中心20公里,是一处以森林风景为特色,融历史人文景观、自然景观为一体,集观光、游览、娱乐、休闲、度假、生态等多功能森林公园。

鹿门山景区内李家大山、狮子山、香炉山、霸王山、鹿门山五峰巧叠雄盘,体势巍峨,绿海葱茏,好似碧海,又峰回路转,沟壑纵横,自然景观多达20余处。同时又以鹿门寺古迹为主,配以三高祠、碑林、天井、龙景池、望江亭、庞公制药洞、暴雨池等景点,形成以寺庙文化游览为主的鹿门山生态文化长廊。

名扬全国的千年古刹鹿门寺始建于东汉建武年(221年),已有1900年历史,逐步发展成国内佛教圣地之一。因光武帝刘秀在此巡游,梦见神鹿护驾,命习郁立祠于山,刻二石鹿夹道口,遂谓之"鹿门庙",以庙名山。唐宋之时,该寺香火与名望最为兴盛,寺院内佛殿、僧案、斋堂等设施也不断扩大,

鹿门山晨曦　剪锐摄

计 500 余间，僧侣共有 99 名。唐名僧处贞、丹霞，宋法灯禅师皆在此主持，一代名相诸葛亮曾在此拜师求学，还有孟浩然、皮日休也曾隐居在此，李白、杜甫、白居易、王维、米芾、曾巩等历史文化名人曾在此驻足欣赏美景，感受人文。

## 宜昌百里荒 / 大老岭

### 百里荒

宜昌百里荒高山草原旅游区地处湖北省宜昌市境内，距三峡大坝 60 公里，景区总面积 40 平方公里。这里既有万亩高山和草原，也有千亩华山松林，又有百里生态乡村，还有十公里红叶画廊。春天这里姹紫嫣红，百花齐放；夏天这里凉爽无比，沁人心脾；秋天这里红叶似熊熊烈火，呈燎原之势；冬天这里又白雪皑皑，寂静无声。当年一代文宗欧阳修途经此地，慨叹此景，写下"荒烟几家聚，瘦野一刀田"的动人诗句，供后世畅想。20 世纪 80 年代，我国将南方草场建设的科研试验基地建于此处，施行"北羊南养"的重大战略，因此这里获得"中国南方草场"的声誉，同时也逐渐建设成为我国极具特色的高山草原度假旅游区，吸引了来自世界各地的广大游客。

与北方草原不同的是，百里荒草原坐落于连绵高山之巅，这种独特的自然地理条件无疑造就了这一片人间美景。它有六大特色闻名于世：其一，夏季平均气温为 26℃，因而有"南方天然大空调"之美誉。想象一下朝阳和落日光芒四射、红透半边天的景色，真是秀色可餐，让人心向往之。其二，万亩草原连绵云间，碧草连天。人们于此可肆意放飞思绪，放下包袱，只管享受当下。其三，高山呈乳峰状，延绵蜿蜒，拔地而起，将草原、森林、奇松、云海、怪石、天象、峡谷、珍禽、走兽等自然景色融汇于一体，浑然天成而不加修饰，大自然雕琢的巧妙之处由此可见一斑。特别值得一提的是百余处"侏儒石林"，5000亩"火蒺"，十公里红叶画廊，千亩高山花海、华山松林，为百里荒高山草原所独有，也成为它的招牌和名片。其四，"春花、秋叶、夏草（凉）、冬雪"景观奇特多变，"春拥野花夏看草、秋品红叶冬赏雪"是其真实写照。其五，登其山顶，如临仙境，可饱览三峡云顶壮美河山，有"会当凌绝顶，一览众山小"之感。其六，牛马羊成群结队，构成"天苍苍，野茫茫，风吹草低见牛羊"的不朽画卷。

由张艺谋和李路导演执导的影视作品《山楂树之恋》是流行一时的佳作，其中部分场景就是在景区内取景拍摄而成，景区也因此成为人们心中纯美爱情的圣地，以探寻和体验"爱

百里荒

山楂树　望作信摄

情树""爱情花""爱情果"的"纯爱之旅"系列活动已经成为这里最具影响力的品牌活动。

当我们习惯了城市里的钢筋水泥，也听腻了城市里的喧嚣吵闹，百里荒会是一处让心灵安心休憩、不再慌乱的地方。它的美丽、它的神奇、它的不争、它的安宁，或许只有亲临其境之人才能真真切切地感受到大自然对我们的馈赠！

## 大老岭

大老岭地处举世闻名的长江三峡西陵峡北岸，是湖北三峡地区第一家国家级森林公园。它北与昭君故乡毗邻，南与三峡大坝对峙，西又与屈原故里接壤，被誉为渝东鄂西"金三角"。大老岭距三峡大坝78公里，距宜昌中心城区108公里，总面积66.6平方公里，平均海拔1700米。亚热带季风气候下，四季分明，雨量充沛，夏无酷暑，是天然的避暑纳凉胜地。其主峰名为天竺峰，是三峡大坝库区最高峰，海拔2008

米,云雾缥缈,因人在其中有置身云上的感觉,故名"三峡云顶"。

大老岭不仅是三峡库区陆地生态系统中最稳定最安全的片区,是构成库区生物多样性保护网络中的一个关键节点,还是形成库区环境的一个巨大生态源以及三峡库首的天然水塔和生态屏障,这样的生态优势地位使其被国务院三峡办确定为库区生物多样性保护示范区,被誉为"绿色宝库、动物乐园"。大老岭这个资源宝藏中蕴含着丰富的地文、水文、生物、人文、天象资源,加上旅游资源综合质量又无疑达到了国家一级水平,被省委、省政府纳入鄂西生态文化旅游圈核心建设景区。并以三峡云顶、绝色林海、避暑胜地、养生天堂为其特色,打造其与众不同的风格。

三峡云顶位于大老岭国家森林公园天柱山地段,其中的

大老岭云海

天柱峰、对歌树、恨天石、合欢石、情人湖、吻别石等景点所在之处是大老岭国家森林公园中海拔最高、最险峻的景区。另外，千年情人树和登顶看日出的特色景观更是让游客赞叹不已。

药王溪景点位于大老岭国家森林公园古江坪地段，溪流、瀑布、森林、藤萝相互交融，相映成趣。近1公里的瀑布群中多级瀑布顺谷而下，其中虎啸瀑百米飞泻直下，好似一头猛虎下山，向天咆哮，震彻山谷，气势雄伟，令人叹为观止。同时，景区内名贵药材众多，传说神农曾在景区内采药尝百草，景区中遂有药王溪。

五指山景点位于森林公园与秭归县交界处，山势险峻，高耸而立。由于形若五指，所以得名为"五指山"。另外，作为道教圣地，山顶道观遗址迄今尚存，时常还有香客慕名而来，虔心朝拜。

## 孝感白兆山 / 双峰山

### 白兆山

白兆山又名"碧山"，该山山名最早出现在北周建德二年（573年）的史籍中，是一座名副其实的文化名山。位于孝感市安陆城西15公里的白兆山，属大洪山余脉，因李白隐居十年名扬天下，是唐代诗仙李白"酒隐安陆、蹉跎十年"的居住地。

传说中，玉皇大帝吩咐太白金星给人间下达圣旨，太白金星看为时尚早，所以去喝酒下棋，醉意朦胧之间不小心将一枚棋子滑落至人间，遂成大山，当地人称之为"烟店"。后来一位高僧云游至此，见到云雾缭绕，将之改名为"白兆山"，而太白金星因此受罚，贬到人间，化为李白。

现实中的李白乃一代诗仙，玄宗开元十五年（727年），不远万里来到安州（今安陆），在此生活十年。后同唐高宗朝宰相许圉师孙女许紫烟结婚，即以白兆山为居留地。李白以文会友，在此创作了无数的经典诗作，比如《蜀道难》《安陆白兆山桃花岩寄刘侍御绾》《送孟浩然之广陵》《山中问答》等，成为中华民族文化中的瑰宝。韩愈、杜牧、刘长卿、欧阳修、曾巩、秦观等文坛巨匠也都曾于此吟诗咏胜，并悼念诗仙李白。此外，白兆山现在还有桃花岩、太白堂、白兆寺、洗笔池太白林、绀珠泉、李白读书台、洗脚塘等与李白相关的遗址遗迹，供广大游客一览其丰富的文化风采。

白兆山还是一处道教圣地。相传道教祖师爷真武神是古代净乐国太子，佩戴天神所赠宝剑，到处寻找修炼之所，行至白兆山，顿感山水宁静秀丽，空气甚好，于是决定在此地修建修炼的道场。历时长达42年，他终于大功告成，白日飞升，号称"玄武君"，这在清代道光二十三年（1843年）所纂的《安陆县志》中有所记载。连赫赫有名的武当派创派祖师张三丰也留驻安陆修炼大道，具体事迹在《德安府志》中可找到。

白兆山是一方自然人文兼备的览胜之地。它地势险峻，崖壑幽深，层岚叠翠，林木繁茂，气候宜人，有"碧山俏似诗"的盛誉。目前，白兆山李白文化旅游区以白兆山国家森林公园为依托，建成了诗碑廊、祈雨坛、孝义祠、朗月亭、纪念馆、李白像、三清殿、钟鼓楼等景点，实现了山水景色与园林艺术的完美融合，是一处集文献、楹联、碑刻、雕塑、井泉、书画于一体的国家4A级旅游景区。

双峰山

位于孝感东北部、距武汉市区仅58公里车程的双峰山景区是国家4A级旅游景区，以其便利的交通、优美的自然环境和历史悠久的孝文化著名。民间有一说法，双峰山之所以得名是因为其主峰两相对峙，乃是董永和七仙女幻化成，诗句有称"此眼化作双岬剑，刺破苍穹问缘由"。

双峰山有着风格迥异的自然景观。景区奇峰叠翠，怪石林立，"观音摆渡""万兽朝圣""犀牛望月"等栩栩如生；天然溶洞青龙洞洞中套洞，曲径通幽；双峰瀑布、虎啸瀑布飞流直下，蔚为壮观；"天下第一泉"潺潺流水，晶莹清澈；白云流水、滑石冲水上运动中心轻风拂面、碧波荡漾；"林海听涛""回龙晨钟""好

孝感双峰山

汉结义""回宫阁""望夫亭"各具神采，妙趣横生；漫步洋泗大峡谷，赏鲜花、观美景、听溪流、品甘泉，仿佛置身天堂，让人流连忘返。春，山花漫野，百鸟啼鸣；夏，芳草遍地，绿树成荫；秋，层林尽染，山果丰硕；冬，松竹傲雪，玉树琼枝。

双峰山有着深厚底蕴的文化景观。新石器时代的双峰山地区就已经产生了人类文明；自南北朝以来，无论是君王、地方豪杰，还是文人墨客、普通百姓在此活动，都在世事沧桑变化中留下了深厚的人文底蕴。这里的白云古寨遗址，是农民起义军屯兵之地。《孝感县志》载，白云寨"层峦削壁，相传为孙膑地也"。唐末黄巢起义时，曾在白云古寨屯驻重兵。元末红巾军、明末李自成军、清末太平天国军也都在这一带战斗。古寨由内外两个山寨组成，其中的外寨墙周长2.5公里，占地250公顷，残房4000余间，尚保存着数处古遗址。这里的"天下第一泉"为乾隆御赐。"第一泉"位于双峰书院，泉水丰盈充沛，清甜可口。据说，连乾隆皇帝都对这泉水赞不绝口，曾题书"天下第一泉"于此，至今保存完好。

古代有"二十四孝"之说，其中"董永卖身葬父""孟宗客竹生笋""黄乡扇枕温衾"三孝都发生在孝感，而"孟宗哭竹"的故事就发生在双峰山的滴翠园。孟宗为三国时江夏人，年幼丧父，独自照顾年迈的母亲。后来其母生病，需用鲜竹笋做汤调养，但是正值冬季根本找不到鲜笋，孟宗无奈，于竹林里失声痛哭，哀恸良久，终于感动天神，赐以鲜笋。孟宗大喜，用笋煮汤给母亲喝，其母果然病愈。

# 咸宁黄龙山 / 黄袍山 / 药姑山

## 黄龙山

黄龙山位于幕阜山北麓，主峰海拔 1528.3 米，因为地跨湘鄂赣三省，所以被人们称"一脚踏三省"（湘、鄂、赣）、"一山发三水"（修水、陆水、汨罗江）、"一山藏二教"（道教、佛教）、"一山观两湖"（鄱阳湖、洞庭湖）之地。目前景区内有天岳关、无名英雄纪念墓、尧家林文化遗址三处湖北省重点文物保护单位。

黄龙山的主峰只角楼之雄、天岳关之险、凤凰翅之幽、狮象把门之奇号称景观四绝，又有"大十景"与"小八景"相互映衬，景观多样而丰富，山中峰岩俊秀，森林葱郁，鸟语花香，是一处不可多得的旅游、休闲、度假胜地。

梦醒黄龙

## 黄袍山

黄袍山又有华罗寨、盘古大山、大盘山、仙圣山、三尖山等多个别名，这里自然景观和人文景观十分丰富，有中国十大落差最大瀑布之一的白水崖瀑布，还有水帘洞、怪石峰、插剑岩、巨乳石、仙人埂、玉泉宫、神龙洞、燕子岩群洞、痴情谷——甘坑谷、大泉仙谷、夹井峡谷、佛家圣地嫦娥山白玉寺、道家古石屋遗址，等等。又有一门三尚书遗址、荻田村玉溪沿河仿古街、北宋抗金英雄大元帅岳飞之师——方琼墓地、明朝进士汪润田故居、黄庭坚退隐黄袍山的"鲁直第"、夜珠窝"文定世第"、秦汉时期张良创办的"伐桂书院"、幕阜书院遗址、华罗山寨古兵寨遗址等。除此之外，还有红色旅游景观罗荣桓元帅早期革命活动纪念馆、湘鄂赣黄袍山革命烈士陵园、英雄母亲黄菊妈陵园、湘鄂赣党校旧址、通崇修县政府旧址、红军洞、八百壮士墓群、八百壮士纪念馆等。

## 药姑山

药姑山也被称为"龙窖山"，地处湖南临湘市与湖北崇阳县交界处的药姑林场界内，总面积11617.9公顷，主峰1261.1米，是省级自然保护区，也是瑶族先民的祥瑞圣山。

人们发现药姑山中存在着大量古井、神台、石屋、梯田、石寨、石洞、石墓、石坝、石柱，这些遗迹都呈现着瑶族的文化特征。根据《战国策》《史记》等史籍的记载，我国古代将瑶、苗等南方少数民族统称"三苗"，有三苗国。因此经考古及学术研讨认为，药姑山可能就是古代瑶族的居住地，广西瑶学会认定药姑山就是瑶族历史上的居住地千家峒,并为药姑山颁发了《龙窖山千家峒认定书》。

## 鄂西南武陵群山

### 利川齐岳山

齐岳山位于湖北省恩施州利川市西,距市区仅30公里,有318国道从景区横穿而过。山脉呈西南东北走向,总面积560平方公里,主峰1911.5米,平均海拔1500米以上,是中国南方最大的山地草场。

齐岳山山势高大,为古代荆楚与巴蜀之间的屏障和军事防守要塞,山上重要关隘有7处,故有"万里城墙"之美誉。明末追随李自成部的夔东十三家首领刘太仓等在此山上立营,坚守长达9年;川楚白莲起义之时,曾以此为防御战胜

利川齐岳山,苍茫云海间　王勇摄

清军；1934年红三军活动在这一带，粉碎了敌军多次围剿。

　　由于气候温暖湿润，降水充沛，齐岳山上草场发育良好，多达10万亩，设有多个跑马场和野营村、烧烤园、休闲山庄、宾馆等。夏季，草场一片翠绿，是南方地区不可多得的草原风光；冬季，白雪皑皑，又是一派晶莹剔透、白茫茫的北国风光。

　　齐岳山上的苏马荡，现已成为恩施利川著名的避暑胜地。"苏马荡"在土家语中的意思是"老虎喝水的地方"，这里占地面积20平方公里，气候清凉舒爽，森林浓密茂盛，每年5月漫山遍野尽是银、红、紫、白各色杜鹃，堪称百里"杜鹃长廊"。这里保留着土家族原生态特色，风情独特，夏季是海内外嘉宾纳凉休闲度假的胜地。

### 咸丰坪坝营

　　咸丰县坪坝营地处湖北、重庆的交界，四周分别与湖北来凤、重庆酉阳、重庆黔江毗邻，可谓是"一山跨两省，一

坪坝营景区

水连四县",为国家 4A 级旅游景区。咸丰县名取自"咸庆丰年",寓意位于武陵腹地的坪坝营土家圣地年年都是五谷丰登的好年成,寓意人民生活安康,幸福绵长。

人们通常把坪坝营称为"森林之营、生命之营、养生之营",称其为"森林之营",是因为景区内有原始森林 8 万亩,人工林 7 万亩,原始次森林 12 万亩,森林覆盖率达 96%。称其为"生命之营",是因为这里处在北纬 30℃,植物品种多达 400 种,野生动物有 500 多种,有国家重点保护树种珙桐、红豆杉、杜鹃、鹅掌楸等 10 余种,有国家保护动物金钱豹、大灵猫、花面狸、香獐、麂子、锦鸡等 20 余种。称其为"养生之营",是因为坪坝营终年气候温和,降水丰富,年平均气温 11℃,相对湿度达 80%,负氧离子浓度高,素有"天然氧吧"之称。

在坪坝营,你可以欣赏到浩瀚的原始森林、罕见的古树杜鹃群落以及成群的珍禽异兽。这里是标准的咸武系剖面以及"岩溶丛"地貌,350 余座山峰虽没有独立高耸之态,但山峦群聚起伏跌宕,由此形成了飞瀑、流泉、峡谷、洞穴浑然一体的原生态休闲景观。

### 鹤峰屏山

鹤峰屏山享有"国宝屏山、土司文脉"之誉,有"十里地缝、百仞幽峡、千年洞城"之称。屏山,也被称为"平山",地处鹤峰县屏山村,从整体看地形南北长、东西窄,犹如一艘大船遨游于绵绵群山中。屏山分布着 99 座山峰,其峰顶海拔超过 1900 米,四周多为悬崖绝壁,外围则四面环水。屏山

鹤峰屏山峡谷 王开学 摄

四处都是幽深险要的峡谷,与外界的通道只有四条,分别是躲避峡、挂巴岩、铁索桥与"七丈五"。

屏山历经五代土司的经营,至康熙年间,已建设成生产生活条件齐备、军事设施坚固的除治城中府以外最大的府邸。容美土司王爷自称"爵爷",21代土司王田舜年致仕后在屏山居住有年,故称屏山为"爵府"。清代著名诗人、戏剧家顾彩受容美土司田舜年之邀,又应《桃花扇》作者孔尚任的托付,来此游览,当时的土司亲自陪同其前往屏山,先后作诗10余首,其中《天心桥》《屏山月夜》《登小昆仑》《夜闻杜宇》《屏山和九峰来韵》都是描写屏山的佳作。"蜀道难其难,未必如屏山,往来游人过客尽却步,我独胡为兮,寝兴饮食于其中"的诗句将屏山之险刻画得惟妙惟肖。

屏山同土家族有分割不开的历史渊源,容美土司曾在此繁衍生息400多年,容美土司文化遗存无处不在,并出土了大量文物。容美又称"容米",容米为土家语,译成汉语,是"妹儿"的意思，可以说，此地古代为妹妹的住址，或者说，这里的氏族头人为女性。元至大三年（1310年）以前这里是容米部落，随后改为土司制度，到雍正十三年（1735年）"改土归流"，前后延续了425年。土司制度是一种世袭的军政合一的集权制度，司主也称"土王"，为地方上最高的行政和军事长官。明代容美司主田楚产以屏山为寨建立了独立小王国，前后五代八个容美土司对这里进行治理，呈现一派欣欣向荣的景象，因此留下了气势磅礴的建筑群和土司行宫遗址。

来凤白岩山

白岩山地处鄂渝边界的湖北省来凤县大河镇境内，紧邻咸丰县坪坝营景区和重庆市酉阳县，距来凤县城60公里。

白岩山森林茂盛，层层叠叠、遮天蔽日；溪水澄澈干净，山花色彩斑斓，点缀在白岩山的大地上；山谷里时而飘起冉

南方天池白岩山　沈鸿俊摄

冉炊烟，多了一种别样的风味。春天薇菜、蕨菜从山里长出，是难得的美味；夏天山中果香浓郁，令人垂涎；秋天林海变换着多重颜色，令人炫目；冬天纷纷扬扬的大雪遍地，银装素裹，让人流连忘返。景区内还有一个占地200余亩的天池，湖水荡漾，好像仙人遗失在世间的一颗珍珠。

在白岩山中，可以听到的是沿路两旁鸟语蝉鸣，时而又有锦鸡等山间动物出没，十分可爱。山中村民淳朴好客，民族风俗原汁原味。传说中的"天地之间人间仙境、云雾之间世外桃源"恐怕也不会比这里更美了。

### 建始黄鹤桥

黄鹤桥峰林在建始县花坪镇南部，海拔1200～1300米。传说这里是黄鹤飞升之地，又传说这里的人们曾经架桥连通天地，所以也被称为"黄鹤桥"。黄鹤桥峰林景观奇异，深藏

黄鹤桥观云海　谭志松摄

悬崖绝壁之间。景点内分布着石柱、奇峰、怪石、深谷、天堑、地峡、地缝、绝壁，单单是"一线天"景观就有很多处，千姿百态，各不相同，简直就是"奇峰大观园，怪石荟萃地"。主要景观包括群峰朝阳、深谷幽峡（空谷幽兰）、绝壁云海、一峰独秀、金鸡独立、地峡奇观（凉风槽）、雄鹰望塔、展翅欲飞、一线天、五指山（山顶塔林）、石猴望月（直立人）、雾中石人等。

### 宣恩七姊妹山

七姊妹山国家自然保护区地处湖北省宣恩县东北，到县城大约40公里的距离，它是武陵山脉在宣恩境内的七座绵延的山群，最高峰火烧堡海拔2014.5米。

七姊妹山群峰峥嵘，怪石嶙峋，沟壑纵横，飞瀑直流，动植物资源丰富，是湖北西南地区动植物资源的一个基因库。

神韵七姊妹山的秋天　黄汉民摄

七姊妹自然保护区内包括七姊妹山、秦家大山、八大公山三大部分。调查显示，保护区现已发现国家重点保护野生植物23种，其中被称为古植物"活化石"的珙桐构成了世界上面积最大的群落，有"绿叶扶果果更红"的红豆杉，有罕见成片的青冈林。各类植物夹杂生长，使保护区四季都可观赏不同的植被，尤其在每年春夏之交，珙桐花盛开，如同一群一群白鸽飞舞……这里的植被古老、原始并且数量庞大，因此《中国生物多样性保护计划》和《中国生物多样性研究报告》已经将这里列为"中国优先保护领域""具有全球意义的生物多样性关键地区"。

### 巴东铁厂荒

铁厂荒地处长江三峡南岸，被称为"鄂渝第一关"的巴东县野三关境内。这里距"世界第一高桥"——沪渝高速泗渡河大桥15公里，距世界最长人工灌渠——巴东"绝壁天河"10公里，距巴东县城40多公里，离清江水布垭60公里，318国道、209国道、沪渝高速、宜万铁路穿境而过。公园占地总面积42平方公里，其中山林面积3.6万亩，森林覆盖率94%，平均海拔1600米，有"鄂西屋脊"之称，为国家森林公园。

铁厂荒有茂盛的树木，气候温暖湿润。在公园中登高远眺，这里春天云雾缭绕，夏天晴空万里，秋天层林尽染，冬天洁白晶莹。森林公园由4大景区共20多个景点构成，分别是茅葫平景区，包括石门垭、林间娱乐场、落英洞、铁厂寻梦、南园缀果等景点；小垭景区，包括云海观日、紫薇溪涧、滑雪场、听涛、将军岩、民俗村等景点；青树沟景区，包括古木清风、林间拾趣、森林浴雾、野营村等景点；黑窝景区，包括亚洲之最的巴山松王、植物园、枫林醉秋等景点。同时还有革命圣地娃娃寨、寇公劝农之路等景观。

目前公园正在筹建新的休闲旅游度假区，主要项目包括铁厂荒森林公园游客集散中心、高山森林小镇、高山滑草滑雪、户外露营等运动休闲旅游项目和铁厂荒花海等，其中投资1800万元建成、占地近千亩的高山森林花海已于2017年8月正式开园迎宾。

铁厂荒四季美景处在不断变化中。这里有纯朴自然的山林野趣、原汁原味的土家风情、一时一景的四时花卉、清秀俊丽的森林景观，行走于其中给人"野鸟鸣歌无假语，山泉流水有真声"的愉快感受。

铁厂荒森林公园

## 品味湖北之景

## 恩施大峡谷记

陈应松

恩施大峡谷,为大器晚成之地。因山闭塞,久不闻名,累石巨柱,独啸旷野,深壑纵谷,藏于山中。因隐姓埋名,更比他山阅历深久,沉静世外。任他熙攘浮嚣,人景杂沓,而此大峡谷新境一开,万众瞩目成绝响。

以亿万斯年的驻颜相守,待深闺人识。一跃而起,举世皆惊。深幽神秘,迷障重重,未尝不是最后辉煌的见证。尽管峰无其名,谷无其姓,山固有奇,名不畏俗,一炷香也好,玉笔峰也罢,岩湾天路也好,母子情深也罢,无甚要紧。山本奇诡,志在大雅。崔嵬难述,无可旁类。天容我自巍然,岂有他哉!

从马者村吃过午饭出发,微雨渐收,空气润如花房,茶园青青,草色如黛。突见峡谷绝壁横亘,为雨龙山绝壁。其气势磅礴,斩切而下,如狂雷砰訇,砸于足前。往上仰视,此绝壁喷薄而出,直可上天。再环顾四周,全为神剜鬼削之势,如巨人城栅,满座皆栗!如此庞然大物,气势汹汹,意绝尘寰。

再往前,是朝东岩绝壁,在雪照河之对岸,如斧劈去一半,另一半失落云空,一半留与人间。雪照河水，如雪照景，白如素练，悠然东去，注入清江。其大峡谷之势，已全在眼前。真是罕世绝景！明朝的写山高手袁宏道说："如井者曰峡。"科罗拉多、雅鲁藏布、长江三峡，皆曰大峡谷。科罗拉多荒凉可怖，雅鲁藏布诡异迂回，长江三峡狭长逶迤，独有恩施大峡谷为天下大井，函泉万方，开阔森朗，胸有大壑，喉如天啸。百多公里，其域广袤。大河碥、前山绝壁、大中小龙门、板桥、龙桥、云龙河、后山、雨龙山、朝东岩、铜盆水，在屯堡、沐抚、马者、木贡、板桥诸地恣肆狂欢，傲若无人。

云龙河地缝在去七星寨的路上，忽见前有大罅，如大地裂骨，天斫一刀，何等瘆人！地下奇景，飞瀑狂注，晴雷喷碧雪，地心贯长虹，如巨蚌之含玉，石榴之咧嘴，五彩缤纷，不可名状。

一线天又名七星门。两山对垒，令人晕眩。进去则四山巉壁绝渊，千围万仞，处处孤根拔地，支支独笋插天。仰望则帽落，长啸则音回。往山上攀去，到处鬼泣神叹之崖，如入狼嚎虎阚之地，岌岌莫知其端。

兴致大增时，顺山势诱入绝壁长廊，才知已到半山。如有恐高症、心脏病者，辄不能往，可寻另一平缓岔道行。但大胆者十有八九。万丈绝壁，千尺断崖，有我一路。脚下万里苍翠，山坡梯田隐隐，人间城廓，尽收眼底。但山太高，人悬半空，远荒云路遥迢，腋下风急，两股战战，四肢瑟瑟。周遭烟蹄雾爪，不知天上人间，神思苍茫。但也有在此谈笑风生者，奔跃摆Pose者，长歌狂吼者，作征服状，无畏相。本是无路客，却从云中行。如今人们看山确比古人有福。可在如此险峻绝壁上凿出一条路来，让人们近距离深入山之腹地，看清它的面目。但也许不对，山只可远观，不可近玩。特别是那些气魄非凡之山，本不是凡间物，何必以区区之俗扰我赫赫之神圣，讨狎昵之嫌。有人在此寸步难行，如黏岩之鼯鼠，窘态尽出，那就是山之高远不可犯，威严不可欺。你群群蕞尔小人，穿山腰而过，既如英雄，亦可忽略不计。人之渺小，如蚁如蝼，空中绝崖成大路，乃是托凿工之福；万里空烟作远瞩，根本是天梯偷景。有种者，云槎乘去，遂我胆魄，可唤魂兮归来。

走过此段，悬心稍放。在岩湾山中幽谷小憩，松风袅袅，吹汗无缕。再往上行，又见一绝壁，直立如切糕。上有一松，是我族类，取名鞠躬松。此松欲跌欲飞，奋翩有姿。亦如一人鞠躬，礼向深谷万岩。可以理解礼失求诸野：大谷有礼，全在高险处。礼失于世，藏之危崖，其义昭昭，真可警示天下。

攀入大楼门，惮愕于路断天门，可一缝进入。真是欲往南墙撞，却有鸟道行。两山相对，如掰开之豆荚，如双帆高悬，二峰骈立，如此对称，宛似人为。有此神工，造化达极。呜呼！绝境又通烟塞，山中又有新途。

再前，但见一峰突起，云雾飘来，峰似桅杆。正惊呼时，其夹缝中还有一峰，更是怪异，云崖飞渡，摇摇欲坠，其细如一深秋荷梗，支其无力，惊世骇俗，这便是稀世奇峰一炷香。我谓一炷香道：

山之坚贞不拔，非凡人所想象。最细处仅四米，高百五十米，却屹立万年不倒。其骨骼铮铮，风雨难撼，冰雪难欺。一峰孤出，立于云表，心有雄志，不弃不毁。苦难寂寥，奈我若何？其躯之弱，危如累卵。其脊之韧，令人惊魂！世有万山，独我昂昂。锋锷之拙朴，却锐利有刃；身廓之逼仄，却擎天有根！

　　一炷香后，还有玉笔峰、玉女峰、玉屏峰、拇指峰、孤峰等峰之奇观，或如笔，或如女，或如母子，或如拇指。步步景色，无有赘复。常细雨滴落，化为云雾，飞云聚散组合，山岳时隐时现，如魇似幻。渐至孤峰时，天色大开，视野辽阔。往山下行，再回首，群峰狰狞，山壁如墙，门牗全闭，高不可攀，拒人以千里之外。感觉此行游历似不可信，从何路而出？群山如茧，全无阙处。金峰玉屏，穹崖欹石，已不是沿路所见景色，消隐无踪。阳光普照，好似南柯一梦尔。

　　我说恩施大峡谷，以山之雄绝衬峡之深切，以峰之怪诡衬路之险骇。以千钧狂野之气，托宇宙幽冥之志；以生僻无扰之境，撩纯情娇媚之容。

　　往高峰远路，看大气象，得大境界，赚大胸怀。神惊一回，百世不悔。人与山似，不喜平庸；人与谷肖，爱作深吼。有麓泉之乐，可常相忆，万念耿耿，系于一山，情眷在兹，魂倚不倒。常想从酒池肉林，入清风大野，万窒一开，涤我心尘。人生苦短，纵乐更短。近山水而滋润，亲天地以灵魂。

　　人有时真可遽然以他景之境，让心与天地契，襟与大荒合。倏忽之间，可以壑为喉，以谷为歌，以山之骨为脊，以云之态为臆。神笔一柱，浩浩写我大风。从恩施回，特记于此，以谢大山。

原载《湖北日报》2012 年 7 月 1 日

Disanzhang
Huahai

第三章 花海

　　**分**明的季节，丰富的地貌，充沛的雨水，孕育了种类繁多、四季绽放的花卉。花舞荆楚，是大自然对湖北最美丽的恩赐。

　　风雨送春归，飞雪迎春到。伴随着中国人最隆重的节日——春节，武汉东湖梅园的

engguangHubei 风光湖北
Huahai

梅花凌雪怒放，由此拉开湖北人一年赏花的序幕。在时序转换和季节更替中，樱花、桃花、梨花、油菜花、杜鹃花吐露春天的气息；荷花在炎炎夏日中送来缕缕清香；菊花、桂花写意秋天的斑斓与旷远，将湖北花事推向高潮；蜡梅在寒冬中独自傲放，演绎生命的传奇。赏完蜡梅，东湖梅园的梅花又开始芳香扑鼻，如此又是一年春。

丰富的花卉资源、灵秀的自然山水和璀璨的历史文化，共同构成湖北独树一帜的赏花旅游产品，武大樱花之旅、东湖梅花之旅、麻城杜鹃花之旅、荆门油菜花之旅和武汉新花城之旅等四季赏花线路享誉全国，并逐渐吸引越来越多的境外赏花游客。

## 第一节  梅花

### 遥知不是雪，为有暗香来

梅花是中国传统名花，分布非常广泛。野生品种的梅花原产于中国西南部，在中国有4个次中心，即川东地区，鄂西山区、鄂东南、赣东北及皖浙山区，两广、赣南山区，闽、台北区。观赏梅花的栽培在北京、山东、河南以及西藏、海南等地均很盛行，但赏梅最为集中的地带当属长江流域。梅花凌寒留香、冰肌玉骨的风骨体现了儒家文化的精神风貌，是代表中华民族的"精神之花"。几千年来，上至显达，下至布衣，均对梅花深爱有加。在中国文学艺术史上，梅诗、梅画的数量之多，足以令其他花卉望尘莫及。据统计，古往今来，世人咏梅的诗词多达5000余首，比吟诵其他所有花的诗词歌赋的总和还要多。梅花的阵阵暗香和意境风骨为我们打造了独特的中华民族花文化，从此意义上说，梅花之美无花能敌。

湖北是野生梅花的主要分布区，鄂东南、鄂西山区均有野梅分布，花期从当年12月一直可开到次年3月初。野生梅花树形高大，暗香袭人。梅生湖北历史悠久，秦汉时野生梅花就散见长江两岸，晋朝所植梅花至今仍然开放于黄梅县蔡山之上，宋代时武汉一带居民栽培梅花已很盛行，明清时期，武汉的黄鹤楼、卓刀泉、梅子山都是赏梅的绝佳所在。中华人民共和国成立后，湖北更是坚持致力于梅花的研究和培育，成绩斐然。湖北的梅花品种已由20世纪60年代的74个扩大到现在的320个，拥有中国乃至世界规模最大、品种最全的梅花品种资源圃。武汉拥有全国"四大梅园"之一的东湖梅园。

蜡梅其实与梅花既不同科，也不同属，是两种完全不同的花。但因均冠一个"梅"字，又同有"凌寒独自香"的气质，更因中国人赏花意在寄情，所以往往赏梅既赏"春梅"，又赏"蜡梅"。蜡梅因花瓣较硬，"蜡"质感强，因而被称为"蜡梅"，又因开花在隆冬腊月，被人们误写成"腊梅"，并被广泛接受并使用。湖北西部也是蜡梅的原产地。1975年在神农架的一次科考中，发现了当时世界上最壮观、最大的野生蜡梅林，神农架也因此被称为"蜡梅王国""蜡梅的故乡"。继神农架之后，科考人员在襄阳保康县、十堰茅箭区和郧阳区、宜昌点军区均发现了大规模的野生蜡梅群落，其中的保康县野花谷风景区，已建成全世界第一个野生蜡梅自然生态保护区。

## 武汉东湖梅花

著名诗人郭沫若曾写道："且喜东湖春早到，红梅万株一齐开。"武昌东湖磨山的梅园景区环岭临湖，闹中取静。东湖梅园始建于1956年，现为中国梅花研究中心所在地，拥有全国乃至世界上范围最大、品种最全的梅花品种资源圃。目前园区面积已扩大到800余亩，栽种梅树两万余株。这里的梅花品种多达320余个，其中不乏一些珍贵的品种，如龙游梅、美人梅、多子玉蝶、雪海宫粉、金钱绿萼、黄香梅等。早春时节，这里梅花傲放，疏影横斜，暗香浮动，是蜚声海内外的赏梅胜地，为中国四大梅园之首。

全国首座古梅园在梅园入口处，占地150余亩，百年以上的古梅树近200株。其中，树龄300年以上的古梅达20余株。最古老的一株古梅树龄已有800多岁，植于南宋时期。这棵古梅是东湖梅园的镇园之宝，于2009年从浙江移植到东湖。古梅园依地形地势而建，依山傍水，面前是烟波浩渺的东湖，身后是曲径通幽的磨山。园内古梅林立，或迎风，或照水，或曲或直，或疏或密，井然有致，潇洒自然。园内还有妙香国、江南第一枝、花溪、放鹤亭、梅友雕像、冷艳亭等景点，其中妙香国为中国梅文化馆的所在地。

东湖梅园是武汉的一张名片。自1983年起，武汉市每年2月初至3月底都举办梅花节，主会场均设在东湖梅园，一年一度的梅花节吸引越来越多的国内外游客专程来汉观赏。梅花的盛花期一般自2月初开始，往往恰逢中国最隆重的节日——春节。因此，春节全家出动，去东湖赏梅已经和去归元寺上香一样，成为许多武汉市民春节期间必不可少的传统节目。2016年开始，东湖梅花节还专门新设了"水上探梅"旅游路线，即从武昌楚河汉街沙湖码头、汉街水果湖码头至东湖磨山的赏梅水路专线，让旅客逛汉街、游东湖、赏梅花，这种轻松闲适的赏梅新方式受到外地游客和武汉市民的热捧。

梅花是武汉的市花。除东湖梅园梅花数量最多、品种最全外，武汉还有很多赏梅之处。马鞍山森林公园内有梅花1300余株，武汉大学、黄鹤楼附近各有500余株，青山公园也有几百株梅树。在汉口的江滩公园、中山公园、解放公园等地均种有梅花，品种为宫粉型、朱砂型、绿萼型等；位于汉阳沌口开发区的汤湖公园内，种植有红梅和绿梅，共100多株。

### 神农架蜡梅花

神农架被生物界称为古生物物种的"避难所"，许多在自然界已濒临绝迹的古生物品种都在这里幸存下来，野生蜡梅就是其中之一。野生蜡梅世界上仅存两属，分布于北美的一属已近绝迹，分布在中国的这一属本以为也近灭绝。1975年，中科院的植物学家们首先在华中屋脊——神农架考察时发现了一大片壮观连绵的野生蜡梅林，继而又在与神农架相邻的鄂西北山区发现成片的野生蜡梅，引起海内外的高度关注。

神农架野生蜡梅位于神农架东部阳日镇南垭山麓，面积达4000余亩，纵横交错地生长在茂密的栎树林中，有菊黄、金黄、蛋清、带红、含紫等10余种颜色。这里的蜡梅与别处不同，株株簇簇依崖而立，临溪而生，或倒挂绝壁，或横插巨石，从山脚到山顶破寒而开，香气满溢。此片野生蜡梅林是重点保护地，身处于大山深处，交通不方便。为方便游客观光游览，政府在神农架自然保护区的木鱼镇官门山开发建设了蜡梅园，园内600多株蜡梅花有一部分就是从阳日镇野生蜡梅林移植过来的。特殊的地理和自然条件使得神农架拥有中国南方唯一的自然雪场，三五亲友结伴到神农架国家公园去赏梅滑雪，是湖北冬季除温泉外最受游客欢迎的旅游热线。

### 保康蜡梅花

保康县是襄阳市唯一的全山区县，地处鄂西北，毗邻神农架。当地的野生蜡梅，俗称"古桩蜡梅"，是中国特有的珍贵花卉树种。保康县素有"蜡梅王国"之称，于1987成立了全国第一个野生蜡梅自然保护区——保康野生蜡梅自然保护区。山区内的野生蜡梅，属第四纪古冰川遗留的野生蜡梅群落，特别珍贵。保护区面积为6万余亩，生长野生蜡梅100万株，包括馨口、檀香、黄白、红心、紫蕊等珍稀品种，其中，最大的一株树干直径27.5厘米，高13.5米，为世界之最。在赏花基础上，为进一步打造花经济，保康县建立了世界上首个蜡梅精油萃取中心，并推出野生蜡梅系列产品，如蜡梅香薰、蜡梅洁面霜、蜡梅精华液、蜡梅香水等，成为游客赏花之余不可不带的手信。

保康野生蜡梅自然保护区位于野花谷风景区之中。风景区建立在近千公顷的原生野生蜡梅纯林的基础上，为充分突出和展现"野花"二字，景区内还大面积地种植了蜡梅、牡丹、珙桐、红豆杉、杜鹃等20多种野生珍稀植物，形成了数十公里的赏花长廊。此外，除了这个国内最大的野生蜡梅自然保护区，保康境内还同时拥有野生牡丹、古桩紫薇、云锦杜鹃等名贵花卉自然群落，在国内实属罕见。被专家论证是"洛阳牡丹的鼻祖"的保康野生牡丹有近200公顷；古桩紫薇有900余公顷，其中树龄在500年以上的古树就有3万余株；

云锦杜鹃群落总株数约50万株，花开时节，灿若云霞。保康自然旅游资源十分丰富，赏花之外，五道峡景区、保康温泉、尧治河景区、九路寨等均是览胜休闲的好去处。

### 十堰郧阳蜡梅花

位于鄂西北、汉江中上游的十堰市，是我国野生梅花和蜡梅的主要分布地，同样也是赏梅胜地。十堰郧阳的沧浪山国家森林公园，是我省野生蜡梅的另一个主要观赏胜地。沧浪山的主峰海拔1827.4米，比武当山还要高200多米，被誉为"鄂西北第一峰"。这里是距十堰市区最近的一处原始森林，园内有近千亩的连片野生梅花群落，花期为每年12月至次年2月下旬。每临春节，蜡梅花悄然开放，暗香袭人，带给人们春的信息。2016年1月17日（农历腊八节），湖北沧浪山首届梅花旅游节正式开幕，吸引全国众多游客纷至沓来，寻梅迎春。

沧浪山的蜡梅刚刚谢幕，十堰市城区的梅花接着处处绽放，成为十堰街头一景，赏毕蜡梅又赏红梅成为十堰人初春时分的乐事。最受欢迎的赏梅地点是人民公园，1000余株梅花和蜡梅，分布在三友园、万寿山等处。四方山植物园也是爱梅人的好去处，该园内有红梅、绿梅、绿萼、照水梅等稀有梅花品种200多株。此外，湖北医药学院、湖北工业职业技术学院、牛头山风景区等地也栽有较大面积的梅花。

### 宜昌点军蜡梅花

紧邻神农架大巴山脉，位于巫山山脉的宜昌地区亦是我国野生蜡梅的原产地之一。植物界素有"宜昌是蜡梅的故乡"的说法,而位于宜昌点军区的车溪蜡梅峡谷,连绵3公里,为第四纪冰川时期遗存下来的野生蜡梅群落。在万木萧条的深冬时节,宜昌车溪民俗旅游区的蜡梅峡却生机勃勃,千亩野生蜡梅在峡谷中迎寒怒放,白色、黄色的梅花错落有致,争奇斗艳,沁人心脾的幽香弥漫整个峡谷。自2011年开始,这里每年均在元旦前后举办蜡梅文化节,是我省每年迎来的最早的花事。

踏雪寻梅

## 第二节　樱花

*樱花烂漫几多时？柳绿桃红两未知*

中国和日本、韩国、德国、美国、加拿大等国是世界主要的樱花观赏国。中国种植樱花始于周代；秦汉时期王公贵族已有种植樱花的爱好；汉唐时期，樱花普遍栽种在私人花园中。《全唐诗》中关于"樱"的条目多达142条。樱花以无可比拟的美丽灿烂、无可挽留的短暂易逝惹人怜爱，同时又是初恋的象征。北京、上海、广东、浙江、江苏、湖北等地均有全国知名的樱花观赏地。

湖北是国内观赏性樱花种植大省，武汉、宜昌、襄阳、十堰等大中城市均将樱花作为城市景观花种植，武汉更是全国最为知名的樱花观赏热点城市，每年花季至少吸引200万境内外游客前来观赏。湖北山区有分布广泛的野生樱花，神农架林区是省内野生樱花最为密集的地方，数量多达百万计。地处黄冈大别山的天台山连片分布的野生樱花面积达8000亩以上，是现今发现的大别山地区最大野生樱花群落。此外，我省很多地方种植有与樱花同科不同属的樱桃花，"初春赏花，暮春摘果"的乡村旅游项目受到游客追捧，也使樱桃花成为乡亲们脱贫奔小康的"幸福花"。

## 武汉大学樱花

樱花使武汉大学享有"中国最美丽的大学"的美誉，武汉大学又使武大樱花成为"中国最美丽的樱花"。

武汉大学位于风景优美的东湖之畔，珞珈山上，校内建筑始建于20世纪初，中西合璧的宫廷式的建筑群古朴典雅，为中国近现代大学校园建筑的典范。樱花盛开时节，遍植校园各个角落高大的樱花树犹如一片一片或红或白的花云，与周边优美的环境、灰墙绿瓦的典雅古建筑交相辉映，高贵浪漫，美轮美奂，无处可及。"三月雨声细，樱花疑杏花。"一进三月，樱花就成了武汉大学的主角，武大就成了赏花客心中的圣地。

武汉大学内的樱花树有1000多株，其中有日本樱花（即江户樱花）、山樱花、垂枝大叶早樱和红花高盆樱桃共4个植物学种、10多个栽培品种或变种。最佳的赏花地点当然是"樱园"——这片直接以"樱"命名的园，其中最享盛名的是园内老斋舍旁的樱花大道。

武汉大学樱花（由中国图库提供）

樱园主要以日本樱花为主,种植有早樱、晚樱和垂枝樱等共6种10余个佳品的樱花,它们绚丽多彩,花繁叶茂,枝干多且花期不同。每当寒冬过后,春日到来之时,早樱、垂枝樱花、晚樱等陆续开放。花开时节,樱花大道人满为患,人比花多,花比人娇。武汉大学依山而建的老斋舍同样是一处风景,它是学校最早的宿舍楼,也是校园早期建筑群之一,老斋舍高低错落,气势恢宏,是一座仿布达拉宫琉璃瓦建筑。沿着长长的台阶爬上老斋舍,楼顶才是最佳的观景台,不见人流,唯余花海。另一个理想的观看时间是晚上,此时人群散去,灯火暗淡,花影婆娑,花落有声。除樱园外,学校其他赏樱点有:第四教学楼、鲲鹏广场、人文科学馆、信息学部星湖、医学部等处。

### 武汉东湖樱花

东湖樱园是武汉赏樱的另一个好去处,与武汉大学相邻。1977年邓颖超访问日本,带回了象征中日友谊的78棵樱花树,并栽种于此,此为东湖樱园的前身。樱园占地面积260余亩,拥有樱花品种56种,种植樱花1万余株,与美国华盛顿樱花园、日本弘前樱花园并称为世界三大樱花园。

东湖樱园采用日式庭院式造景,园内标志性建筑五重塔,是仿日本弘前市著名的五重塔而建,象征着武汉市与日本弘前市的友好往来。园内配以日式园林的湖塘、小岛、虹桥、斗门,连管理间和售票处也是设计精细的仿日建筑。

由于热岛效应,东湖樱花比武大樱花开得稍晚一些,按开花时节,有早樱、中樱、晚樱,最壮美的中樱盛景,多在

3月中下旬至4月上旬之间出现。樱园拥有不少珍贵樱花品种，它们多数都有一个美丽的名字，如"飞寒樱""八重红垂枝""普贤象""松月"等，还有珍稀名贵的绿樱——"御衣黄"等。

樱园中的植物品种非常丰富，樱花树和海棠花交相辉映，穿园而过的溪水边，是黄蕊翠萼的迎春花。为进一步提升观赏性，近年来，园区更在樱花树下种植了成片的与樱花花期相近的二月兰、油菜花等地被植物。盛花时节，紫色的二月兰、金黄的油菜花与粉白的樱花争辉斗艳，恍如仙境。

夜赏樱花活动是东湖樱花的一大特色。白天赏樱，灿若朝霞，落英缤纷，当夕阳下山、浮华散尽的时候，夜黑如墨，花开似雪，更有一番妙处。

东湖樱园的樱花（由中国图库提供）

## 红安樱花

红安天台山是观赏野生樱花的好去处。天台山风景区属国家级森林公园，位于红安城北23公里处，离武汉市仅120公里，驱车需1小时左右。天台山的野生樱花有百万余株，连片分布面积达8000亩以上，目前是大别山乃至中原地区已发现的最大野生樱花群落。花开时节，上万株樱花树遍布几座连绵的山头，有的随意地散落在路两旁的山坡和峭壁上，青山绿水间，如雪如云，如梦如幻。天台山野樱属中华樱花一种，花形比日本单瓣樱花略大，比观赏樱花小一些。花落凋零后，会结成野樱桃，可食，但个头比市场上售卖的要小。

天台禅寺坐落在天台山主峰，是一座有着悠久历史文化传承又富有活力的寺院，僧众以大多有音乐功底的年轻人居多。"天台三禅"——禅乐、禅茶、禅林已成为弘扬佛教文化的重要载体，其影响力已逐步走出湖北，走向世界。红安亦是全国著名的将军县，中华人民共和国有200多位开国将军从这里走出，境内红色旅游景区和革命教育基地众多。近几年来，红安县利用其丰富的农业资源和地理优势，大力发展乡村旅游，涌现了华源农场、将军红民俗文化度假村等极具地方特色的乡村旅游点。春天，去红安赏樱之余，无论是踏青、事农、礼禅、采摘，还是携家带子访先烈受教育，均是一场不可多得的涤荡心灵的丰盈之旅。

## 赤壁樱花

赤壁市不仅有著名的三国遗址，也有颇为壮观的自然风景。葛仙山位于赤壁市官塘驿镇，距武汉车程约2小时，风光秀美，是赤壁境内最高的山峰之一，传说为著名道士葛洪仙人修道、养生、羽化飞升之地。葛仙山拥有万亩原生态的野生樱花，连绵十余公里。这里的樱花有红、白、粉三种颜色，每年的3月中下旬盛开。樱花盛开的短短一周内，是葛仙山最热闹的时节，游人络绎不绝。站在山顶放眼望去，漫山遍野皆樱花，将枯黄的山坡绘成缤纷的花岗。落樱之后，葛仙山又归于沉寂，到了5月初，红红的、酸酸甜甜的野樱桃挂满树梢，由于难以保存，无法上市售卖，想尝鲜的游人们只有上山采摘，葛仙山复又热闹起来。

咸宁是毛竹的主要产地，青山极目，房前屋后，均植青绿挺拔的毛竹，在竹影清风之中，欣赏野樱的满枝俏丽，其淡雅清新便是葛仙山赏樱之旅最独特之处了。此外，咸宁号称"香城泉都"，赤壁亦是温泉资源丰富之所，赏花之余舒舒服服泡个汤，没有比这更好的早春之旅了。

### 十堰郧阳樱桃花

樱桃沟村地处十堰市和郧县的交界处，北距郧县县城4公里，南距十堰市10公里，车穿过209国道，出村2公里便可上汉十高速公路。樱桃沟因樱桃得名，也因樱桃出名，村庄就散落于漫山的樱桃树之间，这里的樱花总面积约2000多亩，花色多以粉、白为主。花开的季节，走进樱桃沟村，便能看到山坡上、小路边，到处都缀满洁白胜雪的樱桃花，散发阵阵诱人的芳香。在樱桃沟山花开放的盛景里，樱桃花仅是个序幕。樱桃花的花期不长，但之后桃花、梅子花、波斯菊、金鸡菊等山花将陆续开放,紧接着满山的樱桃熟了,又进入采摘旺季。从 2008 年始,樱桃沟村当地政府积极开发当地生态旅游和乡村旅游,形成了"春赏花,夏品果,住农家小屋,吃健康饭菜"的乡村旅游良好氛围,樱桃沟的旅游也从一季拓展到了三季。现今,在十堰地区,樱桃沟村已成为仅次于武当山的旅游胜地,年游客接待量超过 35 万人,仅 2016 年"五一"劳动节期间,就有 15 万余人涌入樱桃沟。近年来,樱桃沟一直致力于乡村景观修复,村内的道路交通、旅游指示牌、停车场、旅游农庄等已经完成升级改造,一个四季可游可留的生态型乡村休闲目的地已初具雏形。

离樱桃沟不远,位于郧县柳陂镇的青龙山,就是著名的郧县恐龙蛋化石群国家地质公园。这里因恐龙蛋化石数量大、分布集中、保存完整、埋藏浅的特点而声名海内外,仅裸露地表的恐龙蛋化石就达 2000 多枚,是赏花之余不可错过的旅游景区。此外,郧县的绿松石十分有名,是世界珍贵宝石之一,也是游客来郧县不可错过的特色旅游商品。

樱桃沟三月花开美如雪　李军摄

## 第三节　杜鹃花

### 回看桃李都无色，映得芙蓉不是花

杜鹃花起源于距今约6700万年至13700万年的中生代白垩纪时期。中国是杜鹃花的王国，在全世界900多种杜鹃花属中，我国就有650种，除新疆和宁夏外，其余各省区都有野生种分布。杜鹃花属之一的映山红由于有鲜红的颜色、坚韧的性格，而与中国红色革命和为革命抛头颅、洒热血的民族英雄们联系起来，并被视为"英雄之花"。

湖北拥有丰富的杜鹃花资源，其中以映山红（红杜鹃）、粉白杜鹃、灯笼花、珍珠树、扁枝越橘、毛肋杜鹃、秀雅杜鹃、粉红杜鹃、红晕杜鹃、麻花杜鹃等最为常见，神农架杜鹃花品种更是占到了湖北杜鹃花种数的一半以上。由于海拔高差不同，杜鹃的整个花期长达3个月。一进4月，湖北就开启了"全民赏杜鹃"的模式，东湖磨山景区的杜鹃园、麻城龟峰山、黄陂云雾山、宜昌五峰县、英山天马寨、利川苏马荡、神农架林区均有大量的赏花客涌入。

麻城杜鹃花

麻城位于湖北省东北部、大别山中段南麓，鄂豫皖三省交界处，版图面积3747平方公里，人口120万人，是红色古城、杜鹃花城、交通新城、特产名城。"四高四铁"贯穿全境，是湖北省内仅次于武汉、襄阳的第三大交通枢纽城市。

麻城拥有红杜鹃（又名映山红）100多万亩，其中，龟峰山景区拥有密集成片的原生态映山红群落10万多亩，平均树龄在100年以上，是至今世界所见规模最大、年代最古老的映山红群落。

龟峰山杜鹃群落面积之大、年代之久、密度之高、保存之好、花色之美，实属世界罕见，因而具有极大的科学研究价值。国际著名杜鹃花权威专家、中国杜鹃花协会副理事长管开云教授曾感叹："麻城杜鹃花是我见到过的该种杜鹃分布最集中、林分结构最纯、种群面积最大、树龄最古老、保存

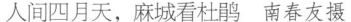

人间四月天，麻城看杜鹃　南春友摄

最完好、株型最优美、景观最壮丽的自然群落，令人眼界大开，堪称世界奇迹，真可谓麻城杜鹃甲天下。"2009年4月，麻城市荣获上海大世界基尼斯总部颁发的《中国面积最大的古杜鹃（映山红）群落》证书。麻城政府为了延长赏花期，在龟峰山投入资金，建设了至今世界最大的杜鹃博览园，堪称为"三个世界第一"：国内杜鹃盆景数量第一、规模和品种、品质世界第一；杜鹃栽培技术和嫁接技术世界第一；园内小叶杜鹃基因品种世界第一。2011年中国花卉协会授予麻城"中国映山红第一城"的称号。

杜鹃花开，漫山如霞，花色之美，天下一绝；龟峰昂首，气势如虹，神态之妙，举世无双。龟峰山景区乍看极似一只昂首苍天的神龟，由龟头、龟背、龟尾等9座山峰组成，方圆100多平方公里，最高海拔1320米。神似龟头的龟峰高高耸立于起伏不断的群山之中，垂直高度达300余米，龟头至龟尾延绵16公里，中间分布着50多平方公里的大片原始森林和原生态古杜鹃群落，形成了"天下第一龟"的世界地质奇观和"红就红一片，火就火天下"的杜鹃花奇景。龟峰山杜鹃花海素有"世界上最大的古映山红群落""大别山上最美丽的红飘带"和"北纬30度最激荡人心的红色花海"等一系列称号，也是中国唯一入选世界17处最美花海的景观。

"人间四月天，麻城看杜鹃"。从2008年开始，麻城市每两年举办一届中国麻城杜鹃文化旅游节。每年"五一"前后，杜鹃花开，云蒸霞蔚，蔚为壮观，来自全国各地乃至境外的游客蜂拥而至，此时的龟峰山风景区成为全国最火爆的景区之一。

神农架杜鹃花

神农架位于北亚热带和暖温带的过渡地区,群山众多,拥有各类植物3700多种,其中受国家重点保护的就有40余种,一直都被称作"植物王国"和"天然花海"。此外,它又是当之无愧的杜鹃花之乡。神农架杜鹃总称为高山杜鹃,作为华中地区的制高点,湖北省大多数杜鹃花科的物种及绝大多数的杜鹃花资源都能在这找到。神农架地区共有杜鹃花科植物7属35种,植株数约为1.5亿棵。神农架高山杜鹃一般生活于海拔800～2800米之间,无论是在高耸的群山还是沟壑岩缝之中,她们都长得婀娜多姿、色彩斑斓,临近还能闻到淡淡幽香。在神农架,高山杜鹃位居当地十大名花之首,被看成是神农花卉的代表,并成为神农精神的象征。

由海拔高差不同而导致的花期漫长,也是神农架杜鹃花

神农架高山杜鹃　姜勇 摄

的特征。每年3月下旬至6月，是观赏杜鹃花的绝好时机。每年春季，从高山移栽于海拔1200多米的官门山景区生物多样性实验室的杜鹃最先开放。4月初，这里的杜鹃始冒花骨朵，而粉色的花朵完全盛开要等到4月中旬。随着时间的推移和气温的升高，官门山景区杜鹃园的各种杜鹃也紧跟着开放。直到4月底，神农顶景区海拔2200米左右的大龙潭金丝猴研究基地附近区域的杜鹃花也竞相怒放。最迟开放的则是位于海拔2500米左右的杜鹃，到5月中旬才会逐渐开花，这时游客将会看到从神农顶至太子垭景点绵延十多公里的杜鹃花海，场面极为震撼。

### 黄陂云雾山杜鹃花

黄陂云雾山地处大别山脉与江汉平原的过渡地带，是武汉市延绵最长的山，也是武汉市唯一的城市郊野公园，方圆

云雾山杜鹃花开

25平方公里,地貌极具特色,集峰、谷、堰、川、古寨、古建筑于一体,享有木兰生态旅游区中的"百景园"之美誉。每年4月,云雾山杜鹃节开幕,漫山开遍映山红。

云雾山是武汉市保存最完好的一条原生态杜鹃林带,目前已查明有40余个杜鹃品种,许多品种为其独有,因此这里也是全国重要的杜鹃花研究基地。同时,该景区从全国引进约400个品种的杜鹃花,成功培育出7000多个杜鹃花盆景。与神农架类似,由于海拔差异和种类的不同,云雾山的杜鹃盛开期也各有不同,赏花期可以从3月底持续到5月初。

### 英山天马寨杜鹃花

英山天马寨是驴友们发掘的赏花点,是拍客们捧红的新景区。两年的时间,就让这座默默无名的大山一时间人满为

英山五彩杜鹃　程抱中摄

患，盛花期每天来天马寨游玩的客人多达万余人。天马寨的杜鹃花海以红色居多，但也有黄色、白色、紫色杜鹃稀有品种交相盛放，五彩纷呈，被驴友称为"五彩杜鹃"，这使其区别于其他景区的杜鹃群落，更具特色。每到4月，天马寨的杜鹃花便从山腰一直开到山顶，姹紫嫣红，原本翠绿的群山像是披上了绵延十里的"彩色丝带"，别是一种赏心之境。

### 茅箭赛武当杜鹃花

赛武当位于茅箭区，海拔高达1722米，因比隔山相望的海拔1613米的武当山还要高109米，故得其名。赛武当气势恢宏，山多险峻，有着异常丰富的动植物资源，有植物178科1316种，其中杜鹃科有20多种，秀雅杜鹃、云锦杜鹃、粉白杜鹃、照山白、满山红等12种是较为珍稀名贵的种类，花的颜色有红、紫、黄、白、粉、蓝等。

赛武当风景区地处北纬32°，因纬度较高，每年5月中旬才是杜鹃花海的最佳观赏时节。盛花期间，满山的杜鹃开得异常猛烈，不论是山野或沟谷之中，又或是岩壁树林之间，满眼都是姹紫嫣红的杜鹃花海。艳丽的杜鹃花与笔直的苍松、古杉和嶙峋的岩石形成鲜明对比，给人以视觉上的冲击与震撼，每年吸引了如织的游客前来观看。

## 第四节　油菜花

### 儿童急走追黄蝶，飞入菜花无处寻

中国是世界上最大的油菜生产国，种植面积和产量均占世界的三分之一左右，其中最主要的种植区域位于四川盆地和长江中下游地区，数量约占80%以上。唐宋时期，极少有人歌咏油菜花，偶有提到，多半是作为乡村景致的一部分。明清时期，油菜花开始作为观赏花卉出现在文人骚客的诗作之中，乾隆年间的苏州人沈复在《浮生六记》里还记载了一次惬意的赏菜花活动。时至今日，观赏油菜花已成为中国人春日里的一项盛事。

湖北的油菜种植面积和总产量连续多年位居全国第一，毫无疑问是中国的油菜大省。仅荆门一地，油菜花的种植就超过200万亩。为开发油菜花旅游资源，湖北省旅游委曾推出"湖北八大最佳赏油菜花地"，即宜昌枝江市问安镇和仙女镇、宜昌远安县沮河沿岸地区、武汉黄陂区大余湾木兰川、荆州市荆州区"油菜花海·八岭山"、荆门市沙洋县曾集镇张池村以及屈家岭管理区湖北白鹿春景区、黄冈武穴市余川镇周国村、黄冈罗田大别山百里画廊。由于地处平原，天高地阔，江汉平原上的油菜花和婺源、门源等地不同，以规模见长，以气势占优，花开时节，整座江汉平原简直成了油菜王国，极目望去，一望无际的黄色绚烂到极致。

## 荆门油菜花

荆门位于湖北省中部,南部接江汉平原,北通河南,南达湖广,东瞰吴越,西邻川陕,素有"荆楚门户"之称。因其主要地形为山地,且拥有分明的四季和适宜的气候,因此十分有利于农作物生长,又有"中国农谷"的美誉。荆门全区遍植油菜,每年3月,了无边际的田野里总会出现一片金黄色的壮丽风光。荆门油菜花在网友票选的"全国最美油菜花"中排名第三。荆门首创中国第一个油菜文化博物馆,还拥有湖北省内唯一一个以大宗农作物为依托举办的旅游节会——油菜花旅游节。

荆门是湖北油菜种植第一市,也是全国油料产业带的核心区,双低油菜栽种面积200万亩。除此之外,荆门还是省内最大的优质双低油菜生产区、"一壶油"战略的原料区、加

沙洋县张池村油菜花航拍图

工区和油菜新品种、新技术、新成果的转化区。得益于油菜的大量、优质种植，荆门市油料加工企业发展迅速，油料年加工能力80万吨以上，居湖北第一，其中沙洋县的种植面积约达80万亩，是荆门地区油菜栽种连片面积最大的地区，现已成为闻名遐迩的自驾游和赏花踏春胜地，这里也是荆门油菜花旅游节的主办地。

荆门油菜花已成当地最鲜亮的一张名片，每年花开时节，150余万游客涌进荆门来看油菜花海，品油菜花宴，买双低菜籽油。

### 武汉消泗油菜花

位于武汉市蔡甸区的消泗乡，距离武汉市中心60公里。这里成片种植3万亩左右油菜，是距武汉市区最近的大规模油菜花赏花基地。区内共设置了5个集中赏花点，其中种植面积在5000亩以上的赏花点有三个，即港州、渔樵、曲口。它们均按景区的标准进行打造，已搭建赏花平台8个，总面积为6000平方米，新修建的赏花栈道一直通到花田深处，游客可以轻松走到田中赏花拍照。每到花开之时，香气四溢，遍野金黄，畅游在花海中，身心荡漾，心境怡然。每年3月至4月间，蔡甸区消泗乡均举办知音故里油菜花节，可吸引约50万游客来此赏花踏青。

消泗乡不止有油菜花，境内的沉湖湿地还有野莲花、芦苇花，面积已达数万亩。冬春季节还有十万多只候鸟栖息于此，游客不仅可以赏花，还能同时观赏候鸟，体验和自然和谐相融的乐趣。

### 浠水油菜花

花香惹人醉，春日走浠水。浠水是全国最大的双低油菜生产县之一，每年3月，境内的40余万亩油菜花在田园山间竞相怒放。浠水不仅是全国优质油菜种植历史最早的地方之一，还是联合国开发计划署援助的中国油菜改良项目三个实施县之一。花开季节，这里长江两岸沿江平原地带开满一望无垠的油菜花，花、水、屋、路，倒影相映，气势宏大；丘陵油菜则是层峦叠嶂，呈梯级状态向外延伸，线条优美。

别样的花事，每年吸引全国各地摄影爱好者慕名前来，浠水因此也有"中国油菜花七大最佳拍摄地之一"的称号。其中，浠水县兰溪镇被评为"鄂东最美乡村田园风光"，是黄冈重要的油菜花赏花基地。这里的万亩花海错落有致地分布在长江岸边，江堤路边都是油菜花，形成了"两岸均带黄金甲"的蔚为壮观的场面。为吸引更多游客前来感受浠水油菜花的独特魅力，自2015年开始，兰溪镇每年举办油菜花节，节庆期间，每个周末均可吸引上万名游客和拍客前来赏花拍摄。

浠水是著名爱国学者闻一多的故乡，到浠水赏花之余，还可顺路游览三角山国家森林公园，探访闻一多先生的故居。

### 武穴油菜花

武穴市是湖北传统的"油菜大县"，素有"中国油菜看湖北，湖北油菜看武穴"的说法。全市"双低"油菜常年种植面积45万亩，占全市耕地面积的80%以上。每年3月至4月，

"中国油菜之乡"武穴市　吕福英摄

油菜花竞相怒放，在田野间形成一道壮阔的风景线。与别处油菜观赏区不同，武穴油菜花突出特点就是连片面积大，场景十分壮观悦目。

为了使"油菜花海"这一品牌名称更为响亮，武穴市利用各乡镇自身的特点来打造特色，突出油菜花整体观赏效果，推出不同特色的"八大片区最佳观赏点"：有结合周边的山林、水流和房屋打造出来的"有花有山有水有人家"的生态乡村景观；也有结合两边的山峰、村落来打造的多层次梯田状油菜花景观；更有依托水库和周边的优美环境来打造的亲水游憩赏花点；还有着力打造多品种、近距离的观赏体验区。此外，藏在花海深处的武穴一大批特色"农家乐"，如荆竹大坝鱼头城、邑园农庄、希尔寨、宋河山庄等，使人们在赏花之余品武穴特色美食，增添了游客的赏花兴致，增加了农民的收益。

### 宜昌夷陵油菜花

宜昌夷陵区分乡镇拥有几处万亩以上的油菜花基地。不同于平原的油菜花一望无际、满眼嫩黄的壮观，这里的油菜花海种植在高低起伏的梯田里，与错落有致的田野相重叠，与白云缭绕的高山交相掩映，犹如一幅美丽又别致的田园山水巨作。从 2012 年起，这里每年举办油菜花节，形成了一条极为独特的，既包含绿水青山、梯田、古村落等多样化景观内容，又将油菜花田、农耕风情与乡村村落融为一体的乡村赏花线路，每年吸引大量省内外游客。

近年来，夷陵区一直致力于打造乡村游产品，成功打造了"橘黄稻香"户外休闲运动游、"走马观花"分乡多彩田园游、"茶颜观色"茶乡观光体验游、"怪石野趣"奇石观赏科普游、"草原牧歌"百里荒度假养生游、"林海峡瀑"黄柏河"氧吧"健康游六大精品线路。从分乡油菜花节起，不断推出以"春之语""夏之梦""秋之韵""冬之恋"为主题的多彩四季乡村游产品，42 项多彩乡村活动依次呈现，游客全年都可体会到夷陵美丽乡村的浓厚乡韵。

### 荆州油菜花

荆州地处江汉平原腹地，是油菜主产地，各个县市的乡村都种植有大片的油菜花。荆州春天里最美的风景，即是那漫无边际的油菜花海。荆州比较著名的油菜花观赏区是位于城西北的八岭山镇，距城区约 28 公里。八岭山得名于起伏回环的崇岭八道，又因八岭蜿蜒如龙而称"龙山"，被视为风水宝地。这里的油菜花海与平原不同，随山势起伏连绵，如飘动的黄色锦袍，似乎隐隐地透出帝王之霸气，由此成为摄影师和文人骚客的创作灵感基地。为进一步开发荆州乡村旅游,自 2012 年起,这里隔年举办中国荆州"油菜花海·八岭山"户外文化旅游周。荆州区纪南镇雨台村也是油菜花观赏地,这里白墙红瓦,黄花漫天,一派闲适的乡野景象。

八岭山油菜花

## 第五节 桃花

### 人面不知何处去，桃花依旧笑春风

桃起源于中国，是我国最古老的五大果树品种之一，为华夏五果之首。汉代上林苑就已出现栽培品种桃，并在约2000年前开始传播到国外。现如今，我国有800个桃树品种，除黑龙江省外，其余地区均有桃树栽培，产量居世界第一。桃花被视为定情之信物，还被用来隐喻美丽的女子，并有"人面桃花相映红""桃之夭夭，灼灼其华"的千古佳句。

湖北境内遍种桃花，仅武汉一地就有许多桃花盛开的地方，东西湖区的吴家山、走马岭、新沟一带都有大片万亩桃园，陈家冲桃花基地还是目前全国桃花品种最多的基地，黄陂区农耕年华景区的桃花基地也拥有万亩桃园。2016年，湖北省旅游委向公众推荐了多处桃花观赏点：武汉市农耕年华桃花园，武汉东西湖区陈家冲桃花基地，随县尚市油桃基地，荆州太湖港桃花村，大冶保安镇沼山村桃花林，宜昌枝江市安福寺镇安福桃源景区，十堰市竹山县城关野生桃花林等。除赏花外，随州、荆州、荆门、宜昌等多地每年举行桃花节，将节事活动和乡村旅游结合在一起。

## 随县尚市桃花

小桃灼灼柳鬖鬖,春色满江南。春风送暖,就是到随州看桃花的好时节了。随州市尚市镇被称为"油桃之乡",油桃种植面积达3万余亩,这里山冈连绵不绝,桃园延绵相叠,春日花开时,满园红霞。尚市镇的群金、太山等6个行政村都建有桃花风景区,其中群金村王家湾、雷家湾是核心景区所在,油桃面积6000余亩。这里的桃花以粉色居多,花期、花容各异,站在赏花的最高点——桃花顶,便可饱览万亩桃园,远看只见片片桃花似粉色织锦,令人心旷神怡。

从2007年开始,随州每年三四月间都会举行"随州尚市桃花节",到目前为止已成功举办10届,每年都有30多万人次慕名而来,观赏踏青。随县是中华始祖炎帝的故里,境内的西游记温泉颇有声名,随县香菇也是蜚声中外。在"万紫千红春意浓,三月桃花吐芬芳"的美好季节,到随县"赏桃花、拜始祖、泡温泉、品香菇"已成为湖北春季最受欢迎的赏花线路之一。

尚市桃花

### 荆州太湖港桃花

太湖港桃花村位于荆州古城西门外6公里,占地面积3000亩。20年前,几家农户在棉田里套栽桃树,未料三年后收益颇丰,于是,棉花渐被桃花取代,600亩桃园成了村里的主角。桃花村的桃花分早桃花和晚桃花两种,很巧妙地将赏花的周期延长到4月上旬,让人们有了更充裕的赏花时间。桃花村将桃文化发挥到最大化,不仅限于观赏,更发展到吃、住、行、游、购、娱各方面,吃有蜜桃,住有桃符,行有桃杖,游有桃花,购有桃梳,娱有桃人。桃花村将古代的桃花庙复建,并供奉一位桃花女神,吟诗道:桃花盛世壮腰中,桃杖桃人举日红。荆楚桃符来避邪,桃梳展福寿桃风。

除了赏桃花,桃花村的农家菜也大受游客青睐。58家各具特色的农家餐厅在村干道上相对排开,野芹菜、野韭菜、腊肉豆皮、土鸡土鸭、土烧酒都是自家特产,地道又实惠,

荆州区太湖港桃花

一家几口人，百十来块钱，就可吃得美美的。

### 大冶保安桃花

大冶市保安镇沼山村周边山陵和房前屋后遍植一种当地特有的狗血桃树，总面积约有近5000亩。一到阳春三月，沼山村就被淹没在一片粉红的花海之中。自2013年以来，大冶市保安镇每年在这里举办桃花节，吸引近10万游客踏青游览。尝到甜头的村民开始大力发展乡村旅游，他们利用村庄靠山面水、风景错落有致的特色，有计划地在山坡上、水库边、大畈里、道路旁和房前屋后补植花期相近的桃花、李花、油菜花等，使得红艳的桃花、雪白的李花、金黄的油菜花交相辉映，并和白墙黛瓦的房屋、漫山的红云交织出一幅瑰丽的春景图，更使游客流连忘返。

沼山村刘通湾有"小婺源"之称。走进刘通湾，眼前是大红灯笼高高挂和小桥流水人家，你会以为自己走进了世外桃源。每年一到桃花节，刘通湾都会在古桥沿线举行农产品展销会，游客在这里可买到保安纯手工的豆丝、糍粑、腊鱼等农特产品。五星级农家乐保安9号山庄就坐落在沼山村入口转弯处，山庄不但提供精致的大冶美食和舒适的住宿，院内还有樱花大道、柚子树林、漫石水道、池水钓台、登高凉亭等观光景观，是赏花之余休闲游乐好去处。

### 枝江安福寺桃花

枝江市安福寺镇是千年历史名镇，这里有连片的万亩白桃，每年3月，桃花与田间套种的油菜花一同绽放，粉色与

枝江安福寺桃花

金黄色交融，蔚为壮观。为了盘活乡镇经济，这里很早就有意识地利用赏花游发展乡村旅游，是湖北最早举办桃花节的地方，已经连续举办了15届。

为进一步做大做强桃花旅游等特色乡村休闲产品，该镇以万亩桃花基地为基础开发建设了桃花主题旅游景区，新建精品桃花园400余亩，修建10公里的桃花长廊以连接新老桃园，同时还增添了万亩森林"氧吧"、千亩休闲垂钓园等景点景观，改造提升农家乐50家。徜徉桃花林，漫步桃花径，住农家屋、吃农家饭、品桃花酒、购桃艺品、植许愿树，丰富的游览内容使安福寺桃花赏花游越来越受游客的喜爱。

除白桃外，枝江还盛产优质砂梨，百里洲镇种植有10万亩优质砂梨。桃花、梨花花期相近，桃红梨白是春天里枝江独有的美景。远近闻名的三峡步步升手工布鞋就产自枝江，原先的手工作坊已变身成为一个传统工艺展示体验园，集传统纺线、织布、布鞋制作为一体，除赏花外，这也是一个不可错过的好去处。

孝感杨店桃花

孝感市孝南区杨店镇是一个千年历史古镇，原名"斗山铺"，由于境内有绵延数十里的桃花和历史悠久的驿舍而深受历代文人墨客的喜爱。据说当年苏东坡路过此地，便留下了"花发颜如醉，风吹面不寒"的诗句。孝南杨店是我国四大优质早蜜桃基地之一，分布着约1.8万亩桃林，种植20余种桃树以及李、梨、桑、橘、日本甜柿等多种果树。每年阳春三月，杨店连绵数公里的粉红色桃花怒放，就像一望无垠的绯云。

杨店桃花节　李子维摄

# 第六节　荷花

## 碧荷生幽泉，朝日艳且鲜

荷花别称"莲花"，是中国十大名花之一，历史也最为悠久，其栽培史可追溯到约3000年前。我国是世界上栽培荷花最多的国家之一，除青藏高原等少数区域外，全国其他地区都有分布，花期为6月中下旬至8月上旬。最开始时荷花是由于实用性而走进人们的劳动生活，随着时间的推移，人们发现了其"出淤泥而不染，濯清涟而不妖"的品质，于是逐渐成为人们寄情抒志的高洁象征，被称为"君子之花"。

湖北境内水网交织，湖塘密布，为荷的生长创造了良好条件。湖北是中国荷花的研究中心，拥有荷花品种为中国乃至世界之冠，其中许多是20世纪80年代以来培育出的新品种。湖北也是中国最大的荷花生产基地之一，全省有很多荷花观赏区。湖北还有丰富多彩的荷花食文化，莲藕被视为最好的蔬菜，莲藕排骨汤是湖北人接待贵客必备佳品；荷叶、荷花、荷蕊等是湖北人喜爱的药膳食品和饮品；莲子粥、莲房脯、莲子粉、藕片夹肉、荷叶蒸肉、荷叶粥等都是游客来湖北不得不尝的特色美味；莲子、藕粉等也是必购的手信。

### 武汉东湖荷花

位于磨山南麓的东湖荷园是中国荷花研究中心所在地，拥有世界上规模最大、品种最全的荷花品种资源圃。这个资源圃主要有种植池品种展示区、缸植品种展示区、新品种观测展示区、优良混合品种种植展示区、小型荷花展示及播种实验区 5 个室外展示区，其中面积最大的是种植池展示区，占地面积约 1 万平方米。

这里环境优美，绿树成荫，游客不仅能够欣赏荷花美景，还能同时与各种各样的珍品荷花亲密接触。园内建有 830 多个荷花品种池，种植荷花品种 700 多种，占全国荷花品种 80% 以上，睡莲品种 40 多个，其他水生植物品种 50 多个。要论观赏性，近年来引进并栽培成功的来自世界各地的 10 余种珍品荷花最吸人眼球，它们的名字都十分风雅：比如"奔月""碧血丹心""东湖春晓""霓裳曲"等。其中，"舞妃莲"是世界上最大的荷花，花朵直径可达 35 厘米以上。而直径只有 3 厘米的"小精灵"与"舞妃莲"形成鲜明对比，堪称最小荷花。"千瓣莲"则是世界上花瓣最多的荷花，单枚花瓣可达 1000 瓣以上。与洪湖相比，东湖荷花并不以规模取胜，而以珍稀著称，近万个大小水缸里，全是珍奇的缸植荷花，除"至尊千瓣莲"外，还有娇小玲珑的"小天使"和珍贵黄色精品"黄鹂""胜金雀"等。

东湖荷花早已声名远扬，广州三水第一家引进东湖 100 多个品种的荷花，投资兴建"荷花世界"。在这之后，东湖又先后帮助秦皇岛、河南淮阳等地建立"中华荷园"等多个荷花主题公园,更走出国门,向日本、泰国、韩国等国提供大量优质荷花品种。

### 武汉沙湖荷花

沙湖公园位于武昌中央文化区,公园总面积 377 公顷(含水域),其中陆地面积约 90 公顷(含岛屿)。沙湖公园植物和花卉种类繁多,但其主打花卉便是荷花,自公园开放第二年开始,就每年举办一次大型的荷花展。

与东湖荷园重在荷花培育和研究、展出荷花主要是园区自有品种不同,沙湖公园荷花展则是收罗了世界各地荷花品种前来参展,其中有不少极其罕见的荷花极品和近两年刚刚培育出的荷花新品。2016 年 6—7 月举办的武汉沙湖公园第三届荷花展中,就展出来自世界各地 800 余个品种的 6500 余盆荷花,有单瓣、重瓣、半重瓣、少瓣、重台,白色、粉色、黄色,碗状花、杯状花、球状花等不同品种的荷花。展会中最罕见的当属"秣陵秋色",其花色为金色,在 20 世纪 80 年代的荷花品种普查中,专家始终未能发现它的踪迹。现场还限时展示了一盆新品种的荷花,名为"大师",以纪念武汉已故的"中国荷花之父"王其超先生。此外,由于参展单位来自五湖四海,送展形式主要以盆栽、缸培为主,与公园水域自有的荷花交相辉映,荷花造景、荷花盆景、荷花插花艺术和荷花文化成了沙湖公园荷花展另一大看点。

沙湖紧邻汉街,离东湖风景区、省博物馆等著名旅游区不远,赏荷花、逛汉街、看汉秀是来沙湖赏荷的标配,时间多的话,可乘坐观光船从沙湖,经汉街,到东湖和省博物馆游览。

洪湖荷花

洪湖位于湖北省南部长江与东荆河间的洼地中,东西两侧与长江相通,是中国第七大淡水湖,湖北省第一大湖,2008年被列入"国际重要湿地",也是国家级自然保护区。洪湖是目前未被污染的淡水湖泊之一,湖中生活着近84种鱼类,湖边也常常栖息着各类飞鸟,湖底有茂盛的水草,湖面上则有莲、菱、芡实等浮叶植物和菰、苇、荻等挺水植物,是一个典型的各种层次植物与水共融的世界。

洪湖是湖北乃至中国最著名的赏荷基地之一。湖区天然荷花面积近6万亩,浩浩荡荡数十里,是华中地区最大的天然荷花分布区。初夏时节,荷花渐次开放,叶如翻滚绿波,花若红云,游人纷至沓来,恰如诗人李珣在《南乡子·乘彩

洪湖荷花

舫》中所描绘的:"游女带花偎伴笑,争窈窕,竞折团荷遮晚照。"

一曲《洪湖水浪打浪》唱遍天下,地处江汉平原的洪湖市也因之闻名遐迩。洪湖赏的是荷,更是故事和历史。歌剧《洪湖赤卫队》自1959年首演以来,经久不衰,电影版的女主角韩英更是深入人心。到洪湖,除了荡舟观荷之外,瞿家湾老街也不应错过,这条700米长的百年老街,给我们呈现的不仅是明清的商业繁荣,更是艰苦斗争时期的战争缩影,走在这条老街上,仿佛贺龙元帅当年领导的湘鄂西革命就在眼前,仿佛韩英所领导的洪湖赤卫队保家卫国的斗争就在昨天。

### 蔡甸金龙水寨荷花

武汉市蔡甸区是知音故里、莲花水乡,全国重点莲藕生产基地,距武汉城区40公里,四通八达。位于蔡甸索河镇金龙湖畔的金龙水寨生态乐园占地1600亩,其中水域面积就占了1200亩,有200余种名贵荷花,花期长达5个月之久,是距离武汉最近、规模最大的赏荷采莲基地。与其他荷花观赏点相比,这里最大的特色就是胜在"体验",不但有名贵荷花观赏、亲水栈道观荷等赏荷项目,游客还可以通过多种方式体验莲蓬采摘、荷花美食制作等参与性活动,此外还有吟荷、画荷、品荷、咏荷等集趣味性和知识性于一体的丰富多彩的文化活动。每年7月,这里都举行一年一度的莲花节。

## 鄂州梁子湖荷花

梁子湖是中国十大名湖之一，湖北省第二大淡水湖泊，因水质极好且植被丰富，从而有"江汉明珠""化石型湖泊""物种基因库"和"鸟类乐园"等美誉。这里水域宽广、水质清澈见底、生态环境良好，因此有大量的动植物在此交融共生。7月是梁子湖荷花盛开的季节，这里不仅有美丽的荷花，还有一湖好水孕育的一湖好鱼，因此游客在这里不仅能赏荷采莲，还能品尝到鲜美的湖水煮湖鱼。此外，梁子湖东岸有12万多亩原生态湿地，其中有近8万亩野生菱角，荷花盛花期与湖上野生菱角成熟期相同，每到那时，像绿色地毯一样覆盖在湖面上的菱叶和湖面上方亭亭玉立的荷花交相辉映，形成独具特色的生态美景，坐上小龙船观荷、采菱、吃鱼也成为梁子湖夏季旅游最有特色的节目。

鄂州梁子湖荷花景色（鄂州市旅游局供图）

## 第七节 菊花

*不是花中偏爱菊，此花开尽更无花*

菊花是中国传统名花，最早关于菊花的文字是《礼记·月令篇》中的"季秋之月，菊有黄花"。菊花是一种理想的观赏花卉，花期长，品种多，色泽艳丽。根据菊花自然开花季节，可分为极早菊（5月、7月、8月）、早菊（9—10月）、秋菊（11月）、晚菊（12月）。菊花盛放时，繁花似锦，瑰丽多姿。菊为花中四君子之一，为文人墨客所好。菊与中国人的生活紧密相连，自古以来中国就有重阳节赏菊和饮菊花酒的习俗。

菊花在湖北大部分地区都有分布，不论是在路旁、山坡或原野上都可见到其身影。湖北不少城市秋季都会举办大型菊花展，将菊花作为秋季城市主要的街头装饰花卉。在麻城、老河口、武穴、英山、罗田、荆门、十堰等地，菊花主要是作为经济作物种植，其中又以麻城福白菊和老河口万寿菊为最。

### 武汉菊花

湖北人看菊、养菊、赏菊已有悠久的历史，每到深秋，很多城市都会举办大型街头菊花展，其中以武汉10月底至

武汉菊花展

11月中旬举办的菊花展最负盛名。到2016年,武汉已经连续举办33届菊花展了。武汉菊花展可谓是全城总动员,一般以某个大型公园作为主展区,每年轮换;以各区的城市公园为专业展区;而各个区的广场、街心花园、主要街道还会结合具体情况设立若干个社会布展区。

主会场当然是最吸睛的赏菊点,每年都会根据不同的主题,设有菊花小展、造型、扎菊、立菊、悬崖菊、树菊、品种菊、意菊、盆景菊等展项,展出品种通常超出3000余个,展出数量近百万盆。而最引人关注的则是每年汉味十足的大型菊花扎景,各参展送展的公园、社区、企业都会铆足了劲在菊花扎景上一展身手,将所在城区或企业的特色文化与菊展的主题结合起来,经常是品位十足、亮点纷呈,成为每年菊展中引得全城热议和一评高下的焦点。养菊大师摆擂斗菊则是武汉菊花展又一个不容错过的看点。这是全城爱菊人的盛宴,参与者大多为武汉的普通市民,但展出却是极名贵、罕见和难养的菊花精品。

如今,赏菊与赏梅、赏樱一样,已成为武汉市民参与共享的重要活动,其主要内容包括赏菊、吟菊、画菊、尝菊、水上飘色、菊花戏等。"菊黄蟹黄"的秋季是武汉最舒适的季节,在武汉看完菊花展,再去邻近的梁子湖吃大闸蟹,这个秋天才算圆满。

### 麻城福白菊

白居易写《重阳席上赋白菊》:"满园花菊郁金黄,中有孤丛色似霜。"相比"满城尽带黄金甲"的黄菊,白菊更像清秀可人的二八佳人。白菊花又名"甘菊",花瓣洁白如玉,花蕊璀璨如金。河南产者称"怀菊花",安徽产者称"滁菊花"

麻城福白菊 凌晓晴摄

或"亳菊花",浙江产者称"杭菊花",湖北麻城福田河产者为"福白菊"。

麻城市种植菊花可追溯至北宋至道三年(997年),到如今已有1000多年菊花种植史,有"中国菊花之乡"的美誉。如今,麻城白菊的种植面积已达10万亩,仅福田河、黄土岗两镇就有连片5万亩,是全国三大菊花基地之一。麻城福白菊与浙江杭白菊、江苏盐城白菊齐名,品质优良,以"朵大肥厚、花瓣玉白、花蕊深黄、汤液清澈、金黄带绿,气清香,味甘醇美"等特征闻名全国,既可用于医药,也可用于寻常生活。

每年的9月至11月是麻城的菊花文化旅游节,届时,游客不仅可以看到十万亩地的连片菊花,还会看到主办方展出的上百万盆、1000多个品种的菊花。这也是继杜鹃、杏花、茶花和玫瑰之后,麻城的"第五朵金花"。

### 老河口万寿菊

万寿菊属菊科,一年生草本植物,原产墨西哥。其花瓣呈橘黄色,含有丰富的天然叶黄素,抗氧化功能极强,可用于生产保健品、药品、化妆品和饲料添加剂,被人称为"软黄金"。

老河口万寿菊基地,以竹林桥镇为中心,分布在张集镇、薛集镇、洪山嘴等乡镇,种植面积有6万多亩,产量达100多万吨。秋季花开时节,可谓满地金黄,令人叹为观止。如今,竹林桥镇大堰村已成为游客秋季赏菊、采摘、体验农事活动的好去处。

### 武汉植物园菊花

武汉植物园位于武汉东湖风景区，拥有一个 20 亩的，集科研、观赏、游览、科普为一体的菊花品种收集与展示花圃。花圃由野生菊区、小菊区和大菊品种展示区三部分组成，涵盖了 5 个瓣型（平瓣、管瓣、匙瓣、桂瓣、畸瓣）、30 个花型以及 8 个色系近 1000 个品种。这里不仅有墨荷、帅旗、凤凰振羽、绿衣红裳等十大传统名菊，还有春水绿波、绿松针等 30 多种名贵绿菊，更有红衣锦绣、棕禅拂尘、胭脂点雪等珍贵品种。

菊花圃还以红、橙、黄、绿、粉、紫、白七个色系来划分不同菊花的区域，以便让市民充分领略菊花的隽美多姿。为方便游客观赏，武汉植物园采取生物技术控制菊花错峰开放，使菊花观赏期由 10 月下旬一直可以持续到 11 月下旬。

## 第八节　桂花

### 桂子月中落，天香云外飘

桂花是中国十大名花之一，栽培历史达 2500 年以上，春秋战国时期的《山海经·南山经》就说招摇之山多桂。湖北、湖南、广东、广西和云南、四川一带都有野生桂花树分布，而湖北咸宁、江苏吴县（1995 年撤销）、浙江杭州和广西桂林就是我国的四大桂花树苗生产基地。"桂"音同"贵"，有着吉祥的寓意，古代时就把夺冠登科说成"折桂"；桂花还有"花中月老"之称，概因其清雅高洁、香飘四溢的特性，正好是圆满爱情的写照吧。

湖北盛产桂花，大小城区均有广泛种植，一进入 8 月，满城桂花香，乡里人家的前庭后院也喜爱栽种桂花树，算不上稀奇。湖北桂花品种十分齐全，金、银、丹、铁、四季、月月桂等 9 个品种的桂花均可以观赏到。在湖北人的印象里，秋天的记忆就是空气中桂花的芬芳和味蕾里桂花酱的香甜。咸宁是中国的桂花之乡，下辖 6 县市 45 个乡镇均分布有桂花，桂花资源全国第一。除咸宁外，湖北还有很多著名的桂花观赏地。

## 咸宁桂花

咸宁位于湖北省东南部，人称"湖北南大门"。咸宁的旅游资源非常丰富，最著名的就是温泉和桂花。咸宁不仅是"桂花之乡"，还是"温泉之城"，其温泉的开发利用可追溯至1400多年前，宋朝时期"温泉沸波"被列为"咸宁八景"之一。咸宁桂花的栽种历史则更为久远一些，据历史记载，2300多年前屈原途经咸宁时就曾写下了"奠桂酒兮椒浆""沛吾乘兮桂舟"的诗句，咸宁城区仍有少量千年古桂留存至今。咸宁的桂花资源全国第一，桂花品种数量、古树数量、基地面积、鲜桂花产量、桂花品质五个主要资源指标始终位居全国领先地位，4大品种群——金桂、银桂、丹桂、四季桂，近30个桂花品种在咸宁都有分布，地径5厘米以上的桂树有150万株，百年桂花古树数量占全国91%。其中，咸安区桂花镇是咸宁最大的桂花生产基地，这里的桂花不仅面积大、品种全，而且产量高、花质好、古桂多。

2000年，国家命名咸宁市咸安区为"中国桂花之乡"。咸安境内有金桂、银桂、铁桂、丹桂、四季桂、月桂等9个品种的桂花树近100万株，

咸宁桂花

采摘咸宁桂花

年产桂花20万千克以上。咸安区有一株600多岁的"桂花王",树高29米,树冠占地154平方米,最大分枝直径48.7厘米,如今依然长势良好,可产鲜花150余千克。目前以桂花镇为中心,在马(桥)柏(墩)公路、咸(安)通(山)公路两线栽植桂花,建设总长为29公里的桂花长廊,到花开之时,全城都飘着淡淡的桂花香。在咸安区还有一个传说,据传嫦娥出生在咸安大幕钟台山,后羿居住在柏墩木梓坳,两人由玉兔相识,在桂树下成亲,咸宁的满城桂花则是嫦娥抛撒的种子而成。2009年8月咸安区获得了由湖北省民间文艺家协会授予的"嫦娥文化之乡"称号。

近年来,"咸宁桂花"商标已获国家审批,这也是咸宁市第一例地理标志证明商标。到咸宁旅游,泡温泉沸波,看桂树花开,品桂花蜜酒,吃桂花浸膏,便成了不容错过的选择。

荆门桂花

荆门位于湖北省中部,主要地形为山地,世界文化遗产——明代皇家陵寝明显陵就位于此。荆门广植桂花树,无论是城区景观带、公共园林或私家住宅的房前屋后，随处可见桂花树的身影。宋代诗人洪适曾用《次韵蔡瞻明木樨八绝句》一诗来歌咏桂花："风流直欲占秋光，叶底深藏粟蕊黄。共道幽香闻十里，绝知芳誉亘千乡。"秋风乍起，吹不透荆门满城桂花香。

位于城区的象山大道与雨霖路交会处，桂花树树叶繁茂、绿意盎然，花开时节，黄花万点，蜂飞蝶舞，吸引无数游人驻足停留。荆门最著名的赏桂地点位于龙泉公园象山景区里的桂花园，龙泉公园占地 28 公顷，依山傍水，是荆门城区最知名的公共园林之一，曾被列为中国百家名园之一。园内遍植林木，每年举办水仙、月季等盆景的展览和各式游园活动。秋日一到，桂花园中的桂花便全面进入盛花期，吸引着各方游客。

### 武汉桂花

从 2002 年开始，武汉市就开始有规划地在街头公共绿地和居民区内批量栽种桂花。武汉中心城区公共绿地里，就栽种有桂花树 3 万多株。不仅如此，武汉各大校园、机关企事业单位大院及林业部门所辖的城中山林内也分布有大量桂花树。农历八月一到，江城各区都能看到淡黄色的小花在枝头绽放，桂香四溢。东湖磨山有桂花上百亩、1 万多株，素有"十里磨山、八里飘香"的称号，是武汉市内赏桂的一个绝佳去处。

华中师范大学的桂子山以满山的桂花树而得名，每年 9 月，校园内桂树飘香，漫步校园，赏花的同时还能享受校园独有的纯净与恬静，别有一番韵味。汉口的解放公园有 600

多株桂花树，在道路两侧茂密的树林中，你总能发现许多桂花树的身影，或是看见它枝头上金黄色的花蕾，又或是循着香味而来，蓦然发现桂花树就在你眼前。龟山的桂花林有2000多棵桂花树，是武汉的最大桂花林之一。

### 新洲仓埠桂花

新洲仓埠位于武汉东北郊，境内109省道25公里路段沿线有大小40个桂花园，总面积2万多亩，是一条名副其实的"桂花长廊"。每到桂花开放的秋季，花香四溢，仓埠街就成为一条"香"街。

新洲区与以桂花闻名、历史悠久的咸宁不同，它积极与南京林业大学、华中农业大学等科研院校合作，主打科技之牌，从桂花品种、品质上着手，积极培育、发现新品种和珍稀品种，择优栽培，从而实现桂花产业的科技化、现代化和规模化。与此同时，新洲区还大力突出其桂花文化，"香林花雨""丹葩间绿叶，锦绣相叠重"等桂花景观让人目不暇接。新洲仓埠花果山生态农业园拥有全国最多种类的桂花，共131种，堪称"桂花博览馆"。这是华中地区精品桂花集中种植面积最大的地方，也是全省唯一一家由省科技厅挂牌命名的"湖北省桂花种质资源圃"。

## 第九节 玫瑰

**却疑桃李夸三色，占得春光第一香**

玫瑰在全世界广为种植，目前登录在案的品种约有3万种之多。实际上，玫瑰花对生长条件的要求很高，因此不易进行大规模种植。目前国内仅新疆、云南昆明、甘肃兰州、山东平阴等地建有万亩左右的玫瑰花基地，国外也仅有保加利亚、美国波特兰等少数国家拥有大型玫瑰花基地。中国的玫瑰种植历史十分久远，早在《西京杂记》中就提到汉武帝的乐游苑中栽有玫瑰树，其芬芳还被称为"国香"，深受人们喜爱。唐代诗人徐寅曾有诗云："浓艳尽怜胜彩绘，嘉名谁赠作玫瑰。"宋代诗人杨万里更是发出了"多情玫瑰入酒河，别有国香收不得"的感叹。

玫瑰是全国各地较少规模种植的花卉之一，但在湖北却有不少玫瑰观赏点。枣阳建有一个面积10万亩的全球最大有机玫瑰种植园，这使枣阳成为名副其实的"玫瑰之都"。另外，黄陂、大冶也有玫瑰观赏胜地。

### 枣阳玫瑰

枣阳市具有良好的气候、土壤条件，适合玫瑰生长。

2011年，枣阳市熊集、环城、鹿头等乡镇的农户利用岗地开始大规模玫瑰种植，当年的种植面积就达到了2.5万亩，至2014年已然达到10万亩，并拥有近1000个玫瑰品种，某些品种单朵玫瑰的直径可达11厘米，重4.2克。除玫瑰种植园之外，枣阳市还征地120亩，建立优质玫瑰及其他花木良种繁育基地；并斥1000多万元巨资，建立两座智能型温控大棚，将玫瑰和其他名贵花木的良种繁育、供应、观赏、科普融为一体。等到项目完成，枣阳就会拥有全球最大规模的有机玫瑰种植园和国内最大的玫瑰研发基地，即使是在寒冷的冬日，仍能看见86种玫瑰竞相开放，造就一幅姹紫嫣红的春日图景。恰如杨万里所写：只道花无百日红，此花无日不春风。

枣阳玫瑰的花期很长，从4月下旬持续至10月中旬。集中绽放的时机共有三次，5月初为第一次花期，时间大概是20天左右，第二次花期则要到7月，第三次花期约在国庆节

枣阳玫瑰　梁广斌摄

前后。最理想的观赏日期是初夏，枣阳玫瑰园旅游节也在每年的 5 月 1 日开启。

目前，枣阳市的玫瑰种植不但与旅游观光、商务休闲、文化体验等娱乐活动相融合，更向科研开发、产品深加工发展，逐步形成了集种植、展销、研发、精加工生产、旅游、餐饮、文化为一体的玫瑰花产业链，对地方经济发展起着重要的推动作用。

### 黄陂玫瑰

武汉市黄陂区的木兰玫瑰花园，坐落于木兰生态旅游环线 18 公里处，是武汉地区最大规模的玫瑰园。园中种植有 2000 余亩玫瑰家族中被誉为"皇冠"的保加利亚大马士革玫瑰和 1000 多亩观赏玫瑰，主要有红、粉、黄、白、复色五大色系。游客可以乘坐游船、观光车，或者沿栈道步行，远近距离观赏玫瑰。园区不但专门从事保加利亚大马士革玫瑰深加工，还兼备玫瑰系列产品的研发与销售，玫瑰花饼、玫瑰花茶、玫瑰面膜、玫瑰精油等产品都有着极好的销量和口碑。

玫瑰山、玫瑰广场、百玫园、情人谷、生态餐厅、采摘区、游乐区等以玫瑰为主题的景点组成了木兰玫瑰花园景区。园区山地起伏、湖泊交错，植物资源非常丰富，空气中还有含量丰富的负氧离子。园内湖泊面积高达 389 亩，且周围 100 公里范围内未受到污染，玫瑰山的主峰海拔 520 余米，其森林覆盖率高达 98%，空气负氧离子含量每立方厘米 68543 个，是一个当之无愧的玫瑰花香四溢的"天然氧吧"！

大冶玫瑰

位于大冶市西部的茗山乡，原是一个贫困乡镇。这里的土壤不宜种植水稻，却十分适合玫瑰的生长。2011年开始，该乡开始引进企业大面积种植玫瑰，目前种植面积已经达到万亩以上，使茗山成为玫瑰花的海洋。这里出产的玫瑰花精油是国际著名化妆品公司的重要原料，玫瑰花已经形成产业，并带动全乡逐渐富裕起来。随着其他71个品种的香料植物试种成功，这里开始成为湖北最大天然香料产业基地。

茗山乡在2015年成功举办了大冶·茗山中国乡村玫瑰博览会，茗山玫瑰开始闻名遐迩，成为湖北省一个非常重要的乡村赏花点。为进一步发展乡村旅游，茗山乡玫瑰花田越来越重视旅游基础建设和完善，特意在花田中新修了赏花栈道。栈道的两旁则分别种着格拉斯玫瑰、大马士革玫瑰、紫枝玫瑰和马鞭草、薰衣草等天然香料花卉。晚春时节，粉红的大巴士革玫瑰和紫色的马鞭草竞相开放，一眼望去全是粉色与紫色的海洋，如梦如幻。游人们畅游在花海之中，或驻足赏花，或拍照留念，仿佛置身于童话世界。

大冶玫瑰花海

# 第十节　紫薇花

### 谁道花无百日红，紫薇长放半年花

紫薇原产中国，唐朝时即开始栽种。紫薇花南北适宜，我国大部分省份都有分布。都说花无百日红，但紫薇花却不同，它的花期可长达3个多月，一般都是从6月底开始盛放，直到10月才慢慢凋谢。

湖北是紫薇的故乡，由于树形好、花期长、遮阳效果好，省内许多城市、城镇都将紫薇花作为道路、公园、广场的景观树而广为种植。襄阳市保康县是紫薇的古老家园之一。由于保康在漫长的地壳变迁中，一直未被大海侵蚀淹没，始终保持既有山形，对古老植物物种的保存起到了决定性作用，这里不但古桩紫薇数量较多，而且紫薇品种集中。植物学家们普遍认为，目前紫薇在中国品种分散，像保康一地就有4个原生紫薇种属实属罕见。

### 襄阳紫薇花

由于土壤和气候适宜，襄阳盛产紫薇花。紫薇花是扮靓城市的主要树木和花卉，深受襄阳人民的喜爱，据统计，襄阳城区60%以上的街道都种有紫薇花。襄阳市在1986年将紫薇花确定为市花。

中华紫薇园位于襄阳市襄城区尹集镇，作为以紫薇花种植和观赏为主题的专类植物园，其占地面积达15000亩，是目前全国最大的专类植物园。园中培育和种植有野生紫薇和驯化紫薇20多个品种百万株，每年6—10月花开季节，可吸引近30万游客前来赏花休闲。

为了丰富园区观赏内容和提升紫薇园区的吸引力和知名度，近年来，园区不仅重点突出紫薇花主题和紫薇历史文化，还以园林文化为内涵，积极建设集文旅观光、生态养生、山林度假、休闲娱乐为一体的综合旅游胜地。目前已经建成的项目有以紫薇为主题的紫薇水街、紫薇慧谷、紫薇广场、紫薇大世界，还有农业采摘园、婚庆广场、垂钓园、阳光沙滩、户外拓展园及各类植物园等，这里已种植树木花卉300多个品种，基本实现植物全覆盖，季季可赏花。

襄阳古桩紫薇花

### 保康紫薇花

保康是中国野生植物保护协会评定的"中国紫薇之乡"。作为紫薇的重要发祥地之一，其紫薇物种起源古老，分布面积广，株数多，古蔸更是举世罕见。紫薇花在该县的11个乡镇都有分布，面积达到2万亩，约55万株，其中300年以上的古蔸有5万株。"紫薇之王"就是一棵树龄为1500年左右的紫薇树，其主干胸径超过150厘米。

为了方便游客集中观赏，保康县城东坡建设了国内唯一的大型古桩紫薇林园——中华紫薇林。园区总面积180亩，园中汇聚古桩紫薇精华，百年树龄以上的古桩紫薇达4983株，其中树龄最大的1400年，它们分属于紫薇属的4个原生种，即紫薇、南紫薇、川黔紫薇、小花紫薇，以及2个变种，即翠薇、银薇。更具特色的是，这4个原生种与其他地区均有不同，其中紫薇种花序硕大，瓣爪异长；南紫薇种花托开张，环带突起；川黔紫薇种叶子较厚，雄蕊较粗；小花紫薇种脉纹清晰，色质纯正。花色有水红、大红、紫红、浅紫、纯白、白绿等七种；树形有古蔸紫薇、古桩紫薇、悬根紫薇。每年暮春至中秋期间，千万株紫薇一同怒放，漫步紫薇林，就像走进了花的海洋。

### 钟祥紫薇花

钟祥市是湖北另一个重要的紫薇花观赏地。全市栽种紫薇1.02万亩，植树250万株，市内最壮观的是那3公里长的紫薇花景观带。每年6月至10月是紫薇怒放的季节，到处都是万紫千红的景象，形成"人在花中游"景观效果。

近年来，以紫薇花为纽带，钟祥旅游"一线串珠"的格局初步形成。在长约106千米的观光线路上，由紫薇花所构成的景观大道、绿色大道、迎宾大道将世界文化遗产明显陵、世界溶洞奇观黄仙洞、大口国家森林公园等众多风景名胜连接起来。观光线路上的大口国家森林公园和万紫千红植物园也是紫薇花的重要观赏区。植物园中坐落着一株树龄已有1300年的"紫薇树王"，其周边生长着8株树龄大致在800~1000年的古老紫薇。此外，园内的双色花紫薇树、多色花紫薇树也很有看点。大口森林公园东风水库和泥巴沟以及西客线等片区的紫薇花苗木茁壮，花色种类繁多，美不胜收。

钟祥位于中国农谷的核心区，是著名的长寿之乡，农业和乡村旅游资源丰富，赏花游与乡村游、生态游已融为一体且独具特色。近年来，声名鹊起的马厩旅舍、莫愁村、彭墩村等乡村旅游区和民宿均是赏花之余不可错过的地方。

钟祥万紫千红紫薇花海

## 第十一节　百花争艳

湖广熟，天下足。湖北地处中部，境内奇山秀水，四季分明，降水丰沛，适宜于农作物的生长，同时也是各种花卉植物理想的生长之所。湖北的花卉资源极其丰富，种类繁多且历史悠久。与此同时，一些外来花卉也容易在这片土地上扎根繁衍。除前面介绍的10种重要花卉外，这里再简要介绍一些近年来在旅游中深受游客喜爱的其他花卉。

### 杏花

杏树在中国广泛分布，从山野乡村到城市园林，尤以北方为胜；杏花节也四处开花，特别是长江以北的每个省区几乎都在举办杏花节。杏花开花比其他果木要早，且花比叶子先开，花色随花期进展不断变化，花蕾时期是艳红色，可谓是"红杏枝头春意闹"，但随着花瓣的伸展，色彩由浓转淡，到谢落时就成雪白一片。湖北是南方省份中种植杏树较多的省份，也是全国杏花文化内涵较丰富的省份之一，目前开发有多个以杏花为依托的乡村旅游区。

麻城市歧亭镇杏花村是湖北杏花最佳观赏地之一，因杜牧《清明》诗写于此而名扬省内外。当年杜牧被贬为黄州刺史,经过歧亭杏花村时正好是清明阴雨绵绵的时期,见此景他便写下了《清明》一诗:"清明时节雨纷纷,路上行人欲断魂。借问酒家何处有,牧童遥指杏花村。"据《复斋漫录》记载,词人谢无逸在杜牧后也曾路过这里,并在杏花村驿壁上题《江城子》一首:"杏花村馆酒旗风。水溶溶。扬残红。野渡舟横,杨柳绿阴浓……"宋代的苏东坡因"乌台诗案"被贬黄州,路过歧亭时与隐居杏花村的好友陈季常邂逅。杏花村的名胜古迹至今犹存,始建于唐代的杏花古刹在清朝咸丰年间重修,古刹里有陈季常墓、宋贤祠、清端祠及忠节祠。此外,相传山门古匾所刻"杏花古刹"四字为乾隆钦赐。杏花村有水域面积260亩,山林面积2000亩,其中桃树、杏树间作500亩。花开时节,山环水抱,桃红杏白,景色别致。当地的民谣"三里桃花店,五里杏花村,村里有美酒,店中有美人"流传至今。

除歧亭镇杏花村外,黄陂区木兰天池、丹江口习家店镇

麻城杏花村杏花

等地也是观赏杏花的好去处。木兰天池山林中拥有大面积的野生杏花资源，每到3月下旬，粉中带白的野生杏花蔓延在细长的十里峡谷和大小天池的两岸，并与红的桃花、黄的蜡梅、紫白红的丁香相间，成为天池重要一景。景区每年举办杏花节，还提供养生专家调配的"杏花宴"。丹江口市习家店镇杏花村（原崔家坪村和小柏村合并）于20世纪90年代开始种植杏树，目前面积达到3000多亩，有早黄杏、骆驼黄、金太阳、串子红、大黄甜等多个品种。每年3月初，许多草木刚刚发出嫩芽，杏花村绵延数里的杏花已是一派云蒸霞蔚的景象：粉红的杏花与绿色的原野相间，真可谓"满阶芳草绿，一片杏花香"。该村依托杏花大力发展乡村旅游，形成了以"赏杏花、游大柏河水库、品农家菜肴"为主体的赏花游线路。

### 茶花

茶花又名"山茶"，古名"海石榴"，自古以来就是中国传统观赏花卉。其植株形状优美，枝叶繁茂又有光泽，花瓣形状妖娆多姿，有人曾用"玉脸含羞匀晚艳，翠裾高曳掩秋妍"的诗句来形容茶花。茶花原产中国东部，后广泛分布于长江流域、珠江流域和云南、四川等地。山茶花期主要在每年的11月到第二年的5月，花期有将近半年之长。一般来说，1—3月是山茶的盛花期，"山花山开春未归，春归正值花盛时"描写的就是这一时间段。17世纪时，山茶外传进入欧洲，在当地造成极大轰动，并因此而获得了"世界名花"之盛誉。

茶花性喜温暖湿润的环境，在湖北山区多有栽培，形成了一些观赏胜地，以麻城五脑山最为有名。麻城市种植山茶花已有1600余年的历史，可以说种植山茶花已成为麻城市的传统，山茶花的种植面积有40万亩之多。自从麻城市在2013年成功举办五脑山首届茶花盆景展后，麻城一直将成为"中国茶花基地"当作其目标。五脑山国家森林公园位于麻城市市区西北部，现有着近万亩（包括盆景园、200亩茶花品种园、观赏园）的茶花观赏园，茶花品种有400余个，不仅制作了近1000余盆的茶花盆景，同时还培育了20余万株的茶花苗木，是华中地区规模最大、品种最多、观赏价值最高的茶花观赏园，该园新近发现了一个新品种茶花，因花型奇特而被命名为"麻姑仙子"。五脑山还有一株高5米，冠幅4米的山茶花树，人称其为"万朵佛鼎茶"，又名"茶花王"，是茶花中较为稀少的品种——"花佛鼎"。

除麻城茶花外，京山茶花、武汉茶花也值得一提。在京山，若想得到最好的山茶花观赏体验，那么毗邻空山洞的茶

麻城五脑山茶花

花源风景区便是最佳去处。这里茶花种植面积 1100 余亩，拥有 300 多个品种、近 6 万株从欧美地区和亚洲其他国家引进的世界知名茶花，更有百余类颜色各异的茶花。这是整个湖北地区单体面积最大的茶花精品园，拥有着最多的培育品系、最长的盛花期、最丰富的花形、最绚丽多彩的花色。在武汉观赏茶花，必去的地方一定是武汉植物园。这里引进了近 400 个栽培山茶科物种（含品种），而且还拥有著名的山茶花珍品——金茶花。在占地 1 万多平方米的山茶园中，冬茶梅群和普通茶梅群为主的茶梅品种多达 56 个。另一个茶花胜地也不得不提，即位于武汉郊区的木兰山风景区。木兰山风景区内现存一株高达 30 米、历史悠久的山茶花，当地人称它为"木兰树"，据传是木兰将军当年亲手栽植。

### 郁金香

郁金香属于百合科郁金香属类型的草本植物，株高约 30 厘米，叶形长圆，每棵有叶 3 到 5 片，色泽粉绿。郁金香被普遍认为起源于中亚及其周边地区，即土耳其至伊朗一带。16 世纪被引入欧洲之后，郁金香声名鹊起。荷兰人尤其钟情于这种呈杯型的花朵，于是开始流行起一股培育、鉴赏新品种的风尚，这使得荷兰成为欧洲郁金香品种最多的国家。如今世界范围内的郁金香种植已经十分普遍，品种多达 8100 个，其中能够规模生产的种类约 150 种，荷兰、新西兰、伊朗等国已经将郁金香当作国花。郁金香引入中国则是在 20 世纪，到 1988 年才在西安驯化成功。

近年来湖北也开始种植郁金香了，单单在武汉就有东西湖郁金香主题公园、武汉植物园郁金香花田、关山荷兰风情园等。武汉植物园主要参照了荷兰最负盛名的郁金香花海——库肯霍夫公园的模式，建设混播花田，花田里栽种了110多种、近百万株的郁金香，既有名贵的黑色郁金香、蓝色郁金香、绿色郁金香，又有鹦鹉型郁金香、"混合料"郁金香（开大红、玫红、粉红、橙、白、黄6色）。其中，特大号郁金香"橘色日出"是目前世界上花朵最大的单瓣郁金香，花朵直径达10余厘米，比普通单瓣郁金香大2到3倍。在东湖湖岸展区，则随机栽种了紫黑色的"小黑人"、粉色的"王朝"、蓝紫色的"蓝钻石"、大红色的"阿巴"、白色花瓣镶有紫色花边的"雪莉"、红黄色的"卡马乔"、粉红色的"西内德阿莫"7个品种，呈现五彩斑斓的花海。武汉植物园还搭配使用早中晚三个花期的球根花卉，延长了郁金香的花期，

武汉植物园郁金香

使人们从 3 月一直到 4 月中旬都可以欣赏到美丽的郁金香花海。武汉东西湖郁金香主题公园位于柏泉农场西湖产业园内，占地 600 亩，是华中地区最大的郁金香主题公园。园内由京剧脸谱园、荷兰风情园、江南水乡园三个主展区共同组成，种植面积近 2 万平方米，分为红、黄、粉、紫、白、复色 6 个色系，27 个不同花色的郁金香种球共计 101 万株。花海中还以"织锦"方式，穿插种植杜鹃等花卉和海棠、晚樱、迎春等花卉苗木。荷兰风情园除突出郁金香主题外，还设计有大风车、小木屋、帆船等，体现浓郁的荷兰风情。

孝感、十堰等地也是观赏郁金香的好去处。孝感市金卉庄园占地 1600 余亩，有 11 个花卉园区，共 96 个科属 560 余个品种，其中郁金香有 76 个品种 46 种不同花色，共 600 万株。在十堰市张湾区黄龙建设了占地 386 亩的现代生态农业示范园，花卉馆种植了超过 80 个品种、近 150 万株的郁金香，构成一片接近百亩的色彩绚烂的花海。

### 槐花

槐树又称中国槐、国槐、家槐，属豆科落叶乔木，在中国各地普遍栽培，常植于屋前、路边，有"黄昏独立佛堂前，满地槐花满地蝉"之说。槐树木材优良，槐叶可食用和入药，槐花则可观赏。王粲《槐赋》有云，"惟中堂之奇树，禀天然之淑姿"。槐树在中国传统文化中有着美好的象征意象，甚至富有神树色彩，志怪小说里就不乏槐树成精的故事，《天仙配》促成七仙女与董永有情人终成眷属的媒人就是一棵大槐树。

蝉发一声时，槐花带两枝。每年初夏，湖北千树万树槐花开，荆楚大地一下都成了槐花的主场。城市的人行道两侧、街心公园，各高等院校的校园里，高速公路和国道省道两边，居家的庭前屋后，随处可见槐树的身影。不过，湖北最知名的槐花赏花地点当属黄石，只有在这座钢铁之城，才能让人感受到刚柔并济的槐花之美。

槐林四月漾琼花，郁郁芬芳醉铁城。每年初夏时节，便是黄石国家矿山公园里万亩槐花怒放飘香之季。但是这片灿烂的花海在多年以前却还是毫无生机的荒山。1989年起，黄石政府便开始对大冶铁矿进行硬岩绿化与复垦，历经多次实验和多个植物品种的种植尝试，只有根须发达、耐干旱、耐贫瘠、固氮力强的刺槐在这片废石场成活下来。废墟上开辟出来的近360万平方米的槐树林，是目前亚洲最大的硬岩绿化复垦生态林，创造了"在石头上种树"的奇迹。每到花开时节，姹紫嫣红的槐花香飘四溢，成为装扮矿山的一道亮丽

黄石矿山公园槐花

风景。白色的槐花圣洁,使人心生敬重之感;紫红色的槐花浪漫,给人美好的想象;稀有的黄色槐花鲜艳,让人热情澎湃、情绪高昂。从2012年起的每年四五月之交,黄石国家矿山公园都会举行槐花旅游节,黄石槐花游如今已是湖北"欢乐乡村游"的重要部分。

### 梨花

梨树是一种在中国被广泛种植的果树,其种植面积和出产量仅次于苹果,在各个省份均有分布,尤其以河北、山东和辽宁三省为梨树的集中产区,约占全国总种植面积的50%。大江南北显著的气候差异使得各地梨花的花期也不一样,南方开花的时间是在2月,长江中游稍晚,为三、四月间,东北最迟,5月花才绽开。与桃花、杏花、李花这样热烈绚烂的花形不同,梨花花色十分素雅,"粉淡香清自一家,

枝江百里洲梨花

未容桃李占年华"，因而颇为中国文人偏爱。湖北现有梨树种植面积60万亩，居全国第五位，是砂梨的重要产区。

枝江百里洲是湖北重要的梨花观赏地，位于枝江城南部的江心，有"万里长江第一洲"之美誉。百里洲以盛产砂梨闻名，种植的砂梨树达到8万亩，近500万株。百里洲砂梨"大若拳、脆若菱、色若金、甜如蜜"，年产可达10万多吨。每年三、四月，花开如雪，美不胜收。此时也正是枝江安福寺镇桃花盛开的时候，赏完冰肌玉肤的梨花，还可以顺道去安福寺去看灿若云霞的桃花。百里洲也是三国古战场，三国魏吴浮桥战争遗址至今保存。

老河口汉江走廊是湖北另一个梨花观赏地，因受到汉江堆积作用而形成，面积达20万亩，十分适宜砂梨生长，优质砂梨种植面积8万亩，年产量25万吨，被农业部列为全国44个梨优势区域重点县市之一。自1999年起，老河口已连续举办16届梨花节，也因此被誉为"梨花之都"。主要赏花点分布在洪山嘴镇梨海诵雪风景区、红河谷和百里生态丹渠等地。此外，老河口还拥有优质桃基地5万亩。春暖花开时节，桃红梨白花参差，是踏春的好去处。

### 薰衣草

对中国人来说，薰衣草是种远道而来的植物，它代表着异域的神秘和浪漫。薰衣草进入中国，始于20世纪50年代。1978年起新疆伊犁河谷开始进行大面积种植，现如今已经成为继日本北海道的富良野、法国南部的普罗旺斯之后形成的世界第三大薰衣草产地。湖北属于亚热带季风性气候，夏季

武汉江夏当代薰衣草风情园

炎热多雨,冬季寒冷干燥,雨热同期,并非薰衣草生长的理想气候类型,因此规模种植薰衣草并非易事。但经过多年的努力,现在湖北多地也可看到薰衣草的身影。

　　武汉江夏区当代薰衣草风情园是湖北重要的薰衣草观赏地。风情园位于江夏梁湖大道童周岭村,占地面积4300亩。其中2014年首期开园的薰衣草花田园区占地800亩,薰衣草占300余亩。因为气候条件不同,武汉的薰衣草大多时间为浅灰色,只在每年6月和9月开花的时候,才呈现浪漫的紫色。

　　咸宁薰衣草庄园是另一个重要的观赏点。它位于咸宁市咸安区双溪桥镇,地跨三省边界。庄园薰衣草占地300余亩,种苗来自新疆,共有8个品种。盛开时节,紫色花海浪漫而迷人。

银杏

在中生代侏罗纪时期,银杏是一种广泛分布于北半球的古老植物。但是由于50万年前第四纪冰川运动,地球突然变冷,绝大多数银杏类植物几乎灭绝。如今世界上仅有极少量的野生、半野生银杏存在,素有"活化石"之称。我国是世界最大的银杏出产国和出口国,尤其以湖北、浙江、江西、安徽、贵州等省最为集中。湖北最著名的银杏观赏地有随州银杏谷、安陆钱冲、巴东清太坪镇等。

随州千年银杏谷作为电影《聂隐娘》的拍摄地声名鹊起,是全世界分布最密集、保留最完整的一处千年古银杏群落。2004年,随州银杏林入选全国自然保护区名录,并以17.14万平方公里的面积成为全国最大的银杏自然保护区。金灿灿

随州银杏谷　张璨龙摄

的古银杏群落与白墙灰瓦的村落、绿黄相间的农田相互交错，互相映衬，构成了一幅绝美的乡村图景。洛阳镇分布的百岁以上银杏达17000多棵，千岁银杏308棵，是世界六大古银杏群落之一，也是全国分布最密集、保留最完好的一处古银杏群落。随州千年银杏谷覆盖了5个村，5个村一线贯穿，绵延12公里。洛阳镇中心位置犹如一座"大殿"，并排挺立着5棵近3000岁的巨大银杏树。树身坚实如铁，需数人连手方可合围。每至秋天，叶黄如金，铺天盖地。

钱冲古银杏生态旅游区位于安陆市王义贞镇，这里参天的古银杏树绵延不绝，有"中华银杏第一村"的美誉。在旅游区60平方公里的土地上，生长着48株千岁古银杏、1486株500岁银杏、4368株百岁以上银杏，当中有一棵"银杏王"，已经走过了3000多年的风风雨雨，仍然枝繁叶茂，巨冠参天。钱冲古银杏群落最大特点就是银杏数量多、年代久远，这在中国并不多见。此外，这里的银杏树树形形态各异，有夫妻树、情侣树、子孙树、母子树，观赏性、研究性都很高。钱冲古银杏生态旅游区已新开发银杏基地38000亩，种植银杏240万株。除了银杏群落之外，钱冲还拥有天女金桂、状元古柏、桂竹园、兰草路、桃花溪5处天然园林群，连片25株以上的千年古银杏景点多达36处。

巴东是湖北省唯一一个以银杏树作为县树的地方，全县现有银杏1800余万株，其中百年以上古树747株，千年以上古树249株，因此巴东县有"古银杏群落之乡"之称，每年9月16日是当地的银杏节，境内银杏集中生长区为野三关镇、清太坪镇、水布垭镇。巴东县银杏以清太坪镇居多，拥有30

年以上的银杏树3245株,百年以上古树601株。境内白沙坪村有一棵被命名为"清太1号"的古银杏树,相传已经有5000多年的历史,树形高大粗阔,高近30米,冠幅350平方米,年产籽500千克。该树曾经受过雷击因此中空,内部可容纳30多人。桥河村还有一株名为"清太5号"的巨大银杏,人们又称它为"状元树",其胸围20余米,高40余米,冠幅580平方米,年产籽600千克。

乌桕

乌桕是一种生长在长江流域的秋景树种,一般在春天发芽,树叶生长缓慢;夏天开花,花呈淡黄色的束状;到了深秋时节,尤其是进入冬季以后,树不断变幻着色彩。乌桕的红不同于枫树那样单调,桕叶有红、黄、橙、紫诸多色系,明丽柔润。加上乌桕本身树冠比较齐整,树叶形状清秀,经霜以后则如火如荼,于是有"乌桕赤于枫,园林二月中"的盛赞。

金秋好时节,大悟赏红叶　朱国祥摄

2012年，湖北大约种植了7963公顷乌桕树，占全国乌桕种植总面积的43.42%；乌桕产量2.96万吨，占全国乌桕产量的82.78%，而尤以大悟和罗田最多。

大悟一直被称为"乌桕之乡"，在17个乡镇共1986平方公里的大地上，分布着450万株乌桕树，尤其集中在阳平、新城、夏店等10个乡镇；规模种植达12万亩，每年可生产500万千克的乌桕；无论是面积、品种，还是规模、产量都为全国之最。深秋时节，一团团乌桕树叶由青转黄，再逐渐染成一片红色，好似缓缓燃烧的炭火，从山脚平地一直蔓延至山腰甚至山顶之上。"金秋好时节，大悟赏红叶"，大悟最理想的观赏乌桕时间是10月底至11月下旬，每年此时都会举行"红叶文化旅游节"，游客可以前往大悟县四姑镇北山村的大悟红叶景区，一睹漫山遍野万亩乌桕红叶园，同时还可以参观革命洞、狮子山、韩锡寺等景点。

罗田县九资河镇也分布着相当多的乌桕树，单单是散布在田间地头的乌桕树就有近20万株。而且，这里的乌桕树不是三三两两，而是成群结队般站立在田坎上。每年的10月下旬至11月初，罗田均会举办红叶节，开展系列宣传推介活动。其中最为著名的参观点就是位于大别山主峰天堂寨山脚下的中国最美乡村之一的圣人堂村。圣人堂村最美当属秋景，此时来到这里，只见悠悠白云，滚滚稻浪，霜染乌桕，背后是绵绵百里青山，令人沉醉。

## 品味湖北之景

## 我爱麻城红杜鹃

李开寿

麻城在大别山居中面南，占据了大别山最好的风水。麻城红杜鹃就是这块风水宝地上孕育出的一枝奇葩。"人间四月天，麻城看杜鹃"。麻城红杜鹃总是在"人间四月芳菲尽"的时候，成群结队地来，浩浩荡荡地开，铺天盖地地红，让人目不暇接，心旷神怡，赞叹不已。生活在杜鹃花城中的我，内心深处对红杜鹃有着炽热的爱。

我爱麻城红杜鹃的大气、壮丽。麻城算得上是大别山中一座大气、壮丽的城市。地域广、人口多、区位好，交通四通八达，城市日新月异。麻城红杜鹃则把这种大气、壮丽抒发得淋漓尽致。"何须名苑看春风，一路山花不负侬"。每岁春至，麻城的山山岭岭，红杜鹃次第开放，直把大别山的春天点燃。麻城杜鹃最经典的当属龟峰山上的杜鹃花海。龟峰山因形似巨龟而得名，千仞之上，昂首凌空，气冲霄汉。当年，董必武曾感叹："多年未入麻城境，一望龟峰气已雄。"龟峰山这咄咄逼人的阳刚之气折服了无数人。为了与这阳刚之气相映成趣，不知是哪位神仙，在这龟背上点缀了千娇百媚的杜鹃花。翻过龟首，我每次都会为被这阳刚掩蔽着的阴柔之美而怦然心动。啊，火红的杜鹃，一树挨着一树，一片牵着一片，一山连着一山，杜鹃花海大气磅礴、震撼人心。登上杜鹃亭，放眼四望，映入眼帘的是万顷花海，层层叠叠，团团簇簇，一片红色的海洋。分不清哪是花，哪是霞，哪是天光，哪是山色。徜徉在花海中，就像是在冲浪，一次又一次被推到喜悦的浪尖。"回看桃李都无色，映得芙蓉不是花"。在此之前，我看过很多一簇一簇或者一片一片的花，也见过山上山下星星点点的杜鹃，但没见过像麻城这样漫山遍野、铺天盖地的花。麻城杜鹃以其大气、壮丽赢得了基尼斯纪录：中国面积最大的古杜鹃群落。把花开成了海洋，把花开到了极致。这是冠绝天下的大气，这是动人心魄的壮丽。

我爱麻城红杜鹃的古朴、自然。麻城历史悠久，人文厚重，生态优美，山水和谐，是古城，也是自然、清新之城。麻城红杜鹃的古朴、自然与这座城市的风格不谋而合。杜鹃花海，那是生长周期上百万年的古杜鹃群落，在海拔1300米的高寒山上，顽强不息地繁衍，如火如荼地绽放。麻城杜鹃出生山崖，沐雨栉风，天生丽质，她开出了麻城历史的芬芳、今日的风采和未来的期盼。在杜鹃花海，立而观之，我兴奋于那鲜红的花朵；伏而察之，我则眷恋那历经百年、千年的枝蔓。那苍劲的虬枝，简直就是潜海蛟龙。一枝枝、一树树、一簇簇，或是伏地的卧龙，或是跃起的腾龙，或是相互缠绕的盘龙。啊，这花海原来竟是千万条蛟龙吐出的"火珠"。杜鹃花海中，最神奇的应当是"杜鹃花王"，但不是神奇在她那硕大、优美的华盖，也不是神奇在她那悠悠五百年的沧桑，而是神奇在一树不多不少的五十六个分枝，五十六个民族五十六朵花啊，大自然将花魁造化成了"中华之花"。我曾杞人忧天，在烈日之下，在狂风之时，在冰雪之际，怀着怜惜之情来到杜鹃林。但我看到的却是另一番景象：烈日炎炎，杜鹃郁郁葱葱；风扫雾罩，杜鹃发出阵阵欢笑；冰天雪地，杜鹃如同穿上圣洁的"婚纱"。这就是麻城的红杜鹃，她无须温室呵护，无须水肥照料，在这荒郊旷野中演奏生命的华章。正是历练了夏日、秋霜、冬雪，才有了娇艳无比的春花。是呀，赏花何须名苑，那些大家"闺秀"、堂前"佳丽"，哪里比得上眼前红杜鹃的坚韧、清新、自然。

我爱麻城红杜鹃的热烈、奔放。麻城是英雄的城市，是热烈、奔放的城市。杜鹃花是当之无愧的麻城市花。她凝结了这座城市太多的人文情愫。火红的杜鹃，常常让我想起那猎猎红旗，那闪闪红星，那家家户户的红军，那乡乡村村的将军。花儿为什么这样红，那是英雄的鲜血把她浇灌。在我眼里，最美莫过杜鹃花，最红莫如杜鹃红。老远，我总会被这像朝霞、像烈火、像鲜血的杜鹃红所感染。这红，是一脉相承、永不褪色的红，是惊天动地、热烈奔放的红。及至跟前，我更会为这花色之美而以心相许。这红杜鹃美的，使人睁不开眼、喘不过气啊。红花灼灼，热烈似火。有的含苞欲燃，有的恣意怒放；有的亭亭玉立，有的雄姿英发；有的如火龙起舞，有的似万马奔腾。啊，这花真如当今激昂豪迈的麻城和热情奔放的麻城人。花为城代言，人为花痴狂。如今的麻城人总会发出自豪、热情的声音："来吧朋友，来麻城看杜鹃花！"若看麻城杜鹃，他日必定再来！"闲折两枝持在手,细看不似人间有。花中此物是西施,芙蓉芍药皆嫫母"。不知白居易当年是否来过麻城,见过杜鹃花海,若果真如此,那会是何等的癫狂!

麻城杜鹃有"五绝":面积之大、年代之久、密度之高、保存之好、花色之美,中华一绝、世界罕见。世界级花迷、芬兰官员西库拉女士在杜鹃花海喜不自禁:"我到过世界很多地方,看过很多花,但没见到过像中国麻城这么大场面、这么古老、这么自然、这么漂亮的花!"麻城人为彰显杜鹃花城魅力,凿石阶、砌护栏、修栈道、铺枕木、添设施、作诗赋、办节会、上央视……使麻城杜鹃馨香万里。境内外花迷、游客来了,国内外植物专家来了。花开了,城市活了。不管是过去藏在深闺人未识,还是现在一朝出阁天下闻,麻城杜鹃依然日复一日,年复一年,默默无闻地为大地增添绿色,为人间输送清新空气,为世界奉献美丽。我愿麻城杜鹃之美,美在我们身上,美进我们心里,让这美传承下去,让这美传播开来!

原载《湖北日报》2010年4月9日、《中国旅游报》2010年5月24日

## 连缀 湖北省国家5A级旅游景区（截至2017年底）

1. 武汉市黄鹤楼公园
2. 宜昌市三峡大坝旅游区（含屈原故里文化旅游区）
3. 十堰市武当山风景区
4. 宜昌市三峡人家风景区
5. 恩施州神农溪纤夫文化旅游区
6. 神农架生态旅游区
7. 宜昌市长阳清江画廊旅游度假区
8. 武汉市东湖景区
9. 武汉市黄陂木兰文化生态旅游区
10. 恩施州恩施大峡谷景区

已通过国家5A级旅游景区景观质量评审，待验收的有：
1. 咸宁市赤壁古战场景区
2. 随州炎帝故里文化旅游区
3. 襄阳市古隆中景区
4. 黄冈市麻城龟峰山景区
5. 恩施州利川腾龙洞景区
6. 宜昌市三峡大瀑布景区

# 后记

　　山之南，水之北，有山水之美，有人文之妙，楚楚动人，湖北是个好地方！立足湖北上好的旅游资源，打造湖北丰富的旅游产品，开拓湖北广阔的旅游市场，是湖北旅游人的孜孜追求。2014年初，省旅游委原主任钱远坤提出了编写湖北旅游丛书的想法，并启动了这项工作。晏蒲柳接任后，继续对此给予重视和支持。历时四年，终磨一剑。四年来，我们集合了省旅游委机关有文字功底、有业务能力、有奉献精神的15位新锐来担当这项湖北旅游史上最浩大的文化工程。参加编写的同志克服了很多困难，他们是处室业务骨干，岗位职责繁重，又要承担有难度有挑战的编写任务。他们为此经常加班加点，耗费了大量业余时间，牺牲了许多节假日，且不取酬劳。或许他们没有深邃旷达的思想，没有妙笔生花的技能，但他们对本行业的领悟思考、对湖北旅游事业的炽热情感、对本丛书的奉献态度，是让人敬佩和感动的！

　　我们既立足自身，又依靠专家；既要出精神，又要出精品。刘友凡、熊召政、刘醒龙等赫赫之名，应邀为丛书作赋。熊召政主席还欣然出任丛书顾问，审阅书稿并作序。省旅游局原副局长陆令寿也为此作赋以示支持。还有一批散文家、摄影家为丛书提供了精美的作品。名流、专家的介入，使本丛书洋溢着文学、艺术的气息，使之可读、可深读。在此，

向为本丛书作出贡献的专家学者表示深深的敬意和谢意!

本丛书还得到了各市州县、林区旅游委(局)的鼎力支持,在此一并致谢!

本丛书共四册,分别是:《风光湖北》,涵盖了湖北的名水、名山、名花,意在湖北的风光好看;《风云湖北》,涵盖了湖北的历史名事、名人、名址,意在湖北的故事好听;《风味湖北》,涵盖了湖北的民俗、名食、名品,意在湖北的味道好吃;《风尚湖北》,涵盖了湖北的名城、名村、名园,意在湖北的城乡好玩!

在编写过程中,我们参考了大量的资料,借鉴了有用的成果,但难以一一标明出处,望能包容!丛书内容囊括各地,但有详有略,不一定得当,望勿计较!我们在书中试探性地给每个市州的旅游形象提出了一句话,若有不妥,也望海涵!权且当作一种探索。

书成之日,便是遗憾之时。编者才疏学浅,书中谬误难免,盼望且读且谅且指正!

编 者
2018年4月9日于武昌中北路湖北旅游大厦